Abschied von der Familiensoziologie

Aufsätze und Vorträge zum Wandel von Sexualität und Verwandtschaft

Horst J. Helle

2. Auflage, München, Germany 2020

Self-publishing, Amazon.com

Abschied von der Familiensoziologie

Aufsätze und Vorträge zum Wandel

von Sexualität und Verwandtschaft

Horst J. Helle

"I found that the whole doctrine of matrilineal identity in kinship is based on the natives' theory of procreation. I found also that the important sociological part played by the father is based on certain secondary, derivative views as to paternal influence upon the offspring in its embryonic state."(Bronislaw Malinowski)[1]

---

[1] Bronislaw Malinowski: Sex, Culture and Myth, New York: Harcourt Brace & World 1962, p. 68.

Vorwort

Die Texte, die hier vorgelegt werden, waren in erster Auflage seit 2013 bei Amazon als „Abschied von der Familiensoziologie" erhältlich. Dies ist die überarbeitete zweite Auflage. Der Titel ist freilich polemisch gemeint: Der Verfasser hat in der deutschen Nachkriegssoziologie bei René König, Helmuth Schelsky und anderen eine Familiensoziologie angetroffen, die z.B. bei Durkheim, Simmel und in der vergleichenden *cultural anthropology* der englischsprachigen Wissenschaftswelt anknüpfte und mit der Familientherapie und -politik in lebhaftem Austausch stand. Merkwürdigerweise verschwand dieser Arbeitsbereich fast völlig aus der Soziologie, daher der „Abschied." Die Thematik wanderte ab zu anderen Disziplinen, z.B. zur Sozialpsychologie, und machte Platz, zumal in den U.S.A., für *gender studies* der verschiedenen Art, anstatt, was sinnvoller gewesen wäre, Familie und *gender* als komplementäre Forschungsfelder nebeneinander und miteinander zu betreiben. Ein Verschwinden der Familiensoziologie blieb den Sozialwissenschaften Japans erspart.[2]

Die hier folgenden Texte sind also zwar unter dem Titel „Abschied" zusammengefasst, werden aber auch als stiller und später Protest gegen das Verschwinden der Familiensoziologie vorgelegt. Sie deuten von Seiten des Verfassers weitgehend Unvollendetes an, schließen aber nicht aus, dass man hier wieder anknüpfen und weiterdenken könnte. Das würde vielleicht auch eine Zusammenarbeit zwischen Familiensoziologen und Religionssoziologen nahelegen.

Horst J. Helle
Universität München

---

[2] Hiroko Kase, *Waseda University*, Tokyo, Japan: "Family sociology is still main area of sociology in Japan." Internet: 23. Dezember 2019.

Inhalt

Auf dem Weg zur matrilinearen Gesellschaft?
Vortrag auf dem Soziologentag in Bremen 1980

0. Kurzfassung

Betrachtet man "Familie" nicht nur als Ausschnitt aus der Alltagswelt des Einzelnen, sondern als soziales Gebilde zur Verleihung von Mitgliedschaft auch – aber nicht nur – in einem Verwandtschaftsverband (kinship), so kann man Typen von Familien danach unterscheiden, nach welchen Abstammungsregeln Verwandtschaftsbindungen hergestellt werden. Eine idealtypische Konstruktion führt hier zur Familie der *matrilinearen*, *patrilinearen* oder *bilateralen* Kultur mit je typenspezifisch eigener Wertorientierung.

Die matrilineare Ordnung zeichnet sich u. a. dadurch aus, dass dort auf Ehe verzichtet werden kann: In der Abfolge Mutter-Tochter kann über eine unbegrenzte Zahl von Generationen hinweg die Existenz und Kontinuität eines Verwandtschaftsverbandes ehelos aufrecht erhalten werden. Da dort in der Wertorientierung das Konzept "Vaterschaft" fehlt oder niedrig rangiert (der Bruder der Mutter tritt anstatt eines Vaters als der machvolle Onkel auf), können Sexualbeziehungen relativ flexibel institutionalisiert sein, und im Falle des Partnerkonflikts erscheint der Mann (Onkel) als austauschbar, während die Kinder bei der Frau bleiben. Diesem Idealtyp entspricht empirisch am ehesten das, was Borislaw Malinowski (1884-1942) bei den Trobriandern angetroffen hat.[3]

Bei dem Versuch, die Idealtypen auf empirische Daten aus Industriegesellschaften der Gegenwart zu beziehen, wird zu

---

[3] Malinowski, Bronislaw (1929). Das Geschlechtsleben der Wilden In Nordwest-Melanesien. Liebe - Ehe und Familienleben bei den Eingeborenen der Trobriand-Inseln, Britisch-Neu-Guinea; eine ethnographische Darstellung. Grethlein, Leipzig und Zürich. ohne Jahr, (Einleitung: London, Januar 1929)

prüfen sein, ob bestimmte Trends der Gegenwart in einigen ihrer Aspekte als Rückentwicklung hin zu einer matrilinearen Teilkultur gedeutet werden können.

1. Absicht und Methode

Dem als Frage formulierten Titel dieses Vortrags liegt die These zugrunde, dass in den westlichen Industriegesellschaften von einer einheitlichen Kultur im Bereich von Familienformen und Geschlechterrollen nicht (mehr?) die Rede sein kann. Dementsprechend wird unterstellt, dass mehrere Teilkulturen nebeneinander bestehen, denen je eigene Wertorientierungen und Familienformen entsprechen.

Eine solche Sicht der sozialen Wirklichkeit fand schon im Dritten Familienbericht der Bundesregierung Berücksichtigung: Darin bekennt sich die Regierung zu einer Familienpolitik, die den Bürgern des Landes die freie Wahl zwischen alternativen Formen ehelichen und familialen Lebens ermöglicht. In der Stellungnahme der Bundesregierung zu dem Bericht der Sachverständigenkommission für den Dritten Familienbericht heißt es: "Der freiheitlichen Grundordnung entspricht eine Familienpolitik, die den Familien erleichtert, nach eigener Wertorientierung ohne staatliche Einengung... zu entscheiden .."[4]

Eine der Aufgaben des hier folgenden Textes ist es, die zur Wahl stehenden Alternativen idealtypisch zu beschreiben. Dabei ist eine der Teilkulturen die im Thema genannte „matrilineare Gesellschaft", auf die eben auch der Satz aus dem Dritten Familienbericht bezogen wird: "Die Familienpolitik der Bundesregierung trägt dazu bei, die Voraussetzungen

---

[4] Stellungnahme der Bundesregierung zum Bericht der Sachverständigenkommission für den Dritten Familienbericht, in: Deutscher Bundestag 8. Wahlperiode, Drucksache 8/3120 - 1979, S. 4.

für diese Wahlfreiheit zu verbessern."[5] Rita Süßmuth hat in ihrem Beitrag zum Bremer Soziologentag darauf hingewiesen, welche zentrale Bedeutung der Rollenwandel der Frau hat und dass Frauen unter unerträglichen Druck geraten, wenn sie nicht zwischen alternativen Modellen wählen, sondern versuchen, alle ihnen in modernen Industriegesellschaften angebotenen Handlungsmöglichkeiten auch zu realisieren. Dieses Überforderungssyndrom ist als *"super woman squeeze"* bezeichnet worden.

Wir folgen Hartmann Tyrell in seiner Kritik an der bisherigen familiensoziologischen Forschung. Die Daten der familienbezogenen empirischen Sozialforschung und der amtlichen Statistik lassen sich nur unzureichend auswerten, solange kein anspruchsvoller theoretischer Bezugsrahmen für eine Interpretation zur Verfügung steht. Bei dem Versuch, in diese Richtung einen Schritt zu tun, wird hier, wie erwähnt, das Verfahren der theoretischen Konstruktion von Idealtypen nach Max Weber kombiniert mit der Methode der Mehrebenenanalyse.

Zunächst soll auf der Individualebene der Wandel der Geschlechterrollen, insbesondere der Rolle der Frau behandelt werden. In einem weiteren Abschnitt über Kulturtypen und Wertorientierungen werden auf der Aggregatebene Alternativen entwickelt. Sodann sollen Abstammungsordnungen und Familienformen auf der Gruppenebene die Individualebene mit der Aggregatebene verbinden. Zum Schluss wird Matrilinearität als das wahrscheinlichere Modell dargestellt, zu dem es in modernen Industriegesellschaften einige deutliche Tendenzen gibt.

---

[5] Ebd.

2. Geschlechterrollen als Kulturphänomene

Im Laufe der Zeit zwischen 1945 und 1980, in die die Periode der *sechziger Jahre* fällt, ist das Spektrum, innerhalb dessen männliches oder frauliches Verhalten bewundert oder mindestens als akzeptabel gebilligt wurde, erheblich ausgeweitet worden. Dieser Wandel betrifft anscheinend die Rolle der Frau mehr noch als die des Mannes: Einerseits bestand die Kontinuität jener Frauenrolle fort, in deren Zentrum die Ehefrau und Mutter als Schöpferin eines "Zuhauses" steht, andererseits nahm die Zahl jener Frauen zu, die in Groß-organisationen der Wirtschaft, der Verwaltung und des Militärs berufstätig werden.

Auf den ersten Blick stellt sich diese gewachsene Divergenz innerhalb der Frauenrolle dar als die Alternative: Frau als Mutter – kinderlose Frau. Doch einer genaueren Prüfung der Fakten hält diese Alternative nicht stand. Die Zahl auch berufstätiger Mütter von noch nicht volljährigen Kindern nahm erheblich zu: Mütter von Kindern unter fünfzehn Jahren waren im Jahre 1961 in der Westdeutschland zu 35 % berufstätig, im Jahre 1976 zu 40 %.[6]

Auch im Bereich des Militärs stieg in der gleichen Zeit die Bedeutung der Frau. Dies gilt in Europa besonders für Schweden und die Niederlande. Die Streitkräfte der USA, die in Europa stationiert waren, beschäftigten 1978 etwa 12.000 Frauen, die überwiegend 18 bis 25 Jahre alt und Inhaberinnen *der niedrigsten militärischen Ränge* waren. Stets waren rund 14 % dieser weiblichen Streitkräfte schwanger. Mehr als 1.000 der Soldatinnen brachten 1978 ein Kind zur Welt. Das sind, bezogen auf die 12.000 Frauen in den amerikanischen Streitkräften in Europa, weniger als

---

[6] Ebd. S. 26

14 %. Die Differenz erklärt sich zum Teil aus Abtreibungen, zum anderen Teil als statistischer Effekt von Fällen der Rückversetzung in die USA oder von Fällen völligen Ausscheidens aus dem Militärdienst.[7]

Diese Zahlen zeigen, dass sich die Unterscheidung zwischen Frau als Mutter und kinderloser Frau nicht mit der Unterscheidung zwischen "Zuhause" und "Großorganisation" deckt. Die Frauenbewegungen, die in der Tradition der (ehemals?) calvinistisch christlichen Kultur stehen, betrachten es zum Beispiel in den USA und in den Niederlanden als Fortschritt, dass dort Matrosinnen auf Kriegsschiffen zur See fahren. Teilnehmern einer Tagung zu diesem Thema, die aus Italien oder Spanien kamen, erschien dieses Konzept einer zukünftigen Kriegsmarine eher abwegig („MS Bordello").

Auch in der Bundesrepublik Deutschland gab es zunächst erhebliche Einwände gegen die Frau in Uniform, und zwar nicht nur im konservativen Lager, sondern auch z.B. bei den Jungsozialisten, deren Vorsitzender Willy Piecyk die Bewaffnung von Frauen als Widerspruch zu Abrüstungsbemühungen abgelehnt hat.[8] In der Bundeswehr leisten mittlerweile 22.512 Soldatinnen Dienst, davon 5.882 Offiziere (31. Oktober 2019). Insgesamt stellen sie einen Anteil von 12,3 % aller Soldaten. Aufgrund der Erfahrungen in anderen Streitkräften erwartet die Bundeswehr, dass der Anteil von Frauen in den kommenden Jahren auf bis zu ca. 15 % an-

---

[7] Elizabeth von der Ohe, University of Maryland, University College, Munich Campus, Brief an H. J. Helle vom 31. Juli 1979.
[8] Frauen nicht als Soldaten, Duisburg/Bonn (AP), in: DIE WELT, Nr. 155 vom 7. Juli 1980, S.2.

steigen wird. Vom gesamten Personal des schwedischen Militärs z.B. sind 18 % weiblich (2013).[9]

Um unterschiedliche Sichtweisen der Frauenrolle zu typisieren, eignet sich die Gegenüberstellung Frau als Mutter und kinderlose Frau nur bedingt. Eine andere Zweiteilung knüpft bei der Bestimmung fraulichen Tuns als Arbeit an. Die alltagssprachliche Aussage, nach der die berufstätige Frau arbeitet, die Hausfrau dagegen nicht, ist wenig sinnvoll. Eine wissenschaftlich brauchbare Begriffsbestimmung, wie sie von Beck (1944-2015) und Brater[10] vorgelegt wurde, unterscheidet Arbeit als Produktion von Gütern und Diensten für Verwandte und persönlich bekannte Personen von Arbeit als Produktion für Unbekannte, vermittelt durch den Markt. Der erste Typ von Arbeit ist charakteristisch für die Hauswirtschaft, der zweite für die Markt- und Geldwirtschaft. Unterschiede im geschlechtsspezifischen Verhalten von Frauen entstehen nicht dadurch, dass einige Frauen arbeiten und andere nicht, sondern dadurch, dass bei der Arbeit einige Frauen die sozialen Bedingungen der Hauswirtschaft, andere jene der Markt- und Geldwirtschaft bevorzugen oder befolgen müssen.

Betrachtet man die Ausgestaltung der Geschlechterrollen als Kulturphänomene in vorindustriellen Gesellschaften, dann zeigt sich, dass dort auf der Grundlage biologischer Gegebenheiten soziale Normen errichtet wurden. Damit aber solche Normen als legitim und annehmbar erlebt werden konnten, mussten sie zu kulturellen Werten in Beziehung stehen. Ein interkultureller Vergleich historischer

---

[9] Wikipedia, Dezember 2019.

[10] Zitiert in: Elisabeth Beck-Gernsheim, Männerrolle, Frauenrolle - aber was steht dahinter? in: Roland Eckert (Hrsg.), Geschlechtsrollen und Arbeitsteilung, München 1979, S. 165-201, S.170.

Daten führt zu der Einsicht, dass das Optimum, das eine Kultur im Bereich der Geschlechterrollen verwirklichen kann, dann gegeben ist, wenn die *spezifischen* Fähigkeiten des jeweiligen Geschlechts zum Einsatz kommen können und wenn biologische Schwächen, die Mann oder Frau relativ zueinander durchschnittlich haben, in der Arbeitsteilung zwischen den Geschlechtern kompensiert werden. Was das empirisch konkret bedeutet, muss unter den Bedingungen sozialen Wandels immer wieder neu reflektiert und bestimmt werden.

Die traditionellen und der Tendenz nach einförmigen Definitionen der Geschlechterrollen sind in der Gegenwart von immer mehr Personen als zu eng und unfrei erlebt worden. Als Alternative zur Tradition versuchten daher viele einzelne, ihren je eigenen ganz persönlichen Stil des Mannseins oder Frauseins zu verwirklichen. Diese Befreiungsbemühung birgt in ihrer Isoliertheit in sich die Gefahr des Scheiterns, wobei dann oft nicht der erhoffte Gewinn an Freiheit das Ergebnis ist, sondern Konfusion und Unsicherheit an die Stelle von Konformität tritt.[11]

Das Risiko, in Konfusion zu geraten, ergibt sich aus der Neigung, zusammenhanglos Verhaltensweisen spontan auszuwählen, wie das der Konsument in einem Selbstbedienungsladen tut. Zur Vermeidung von Konfusion ist es nötig, situationsbedingte Verhaltensweisen in ein Verhaltensmuster zu integrieren, dessen situationsunabhängiger innerer Zusammenhang sichtbar wird. Ein solches Muster oder ein solcher persönlicher Stil mag das Ergebnis individueller Kreativität oder des Verfahrens von *trial and error* sein. Es ist potenziell immer sowohl Ausdruck der unverwech-

---

[11] Vgl. die analoge Argumentation für das Sexualverhalten bei: Robert Meyners and Claire Wooster, Sexual Style, New York, London 1979, S. 3.

selbaren Individualität der einzelnen Person als auch Kriterium seiner oder ihrer Mitgliedschaft in einer Bezugsgruppe mit spezifischen Werthaltungen. So können individuelle Verhaltensmuster *gedeutet werden wie Abzeichen* mit der Aussage: Ich handle als Frau bzw. als Mann so, weil ich der Gruppe XYZ angehöre. So gewinnt der oder die Einzelne Zustimmung, unterwirft sich aber zugleich sozialer Kontrolle.

Anstatt nun in der soziologischen Analyse die zunehmenden Unterschiede im geschlechtsspezifischen Verhalten innerhalb einer Geschlechterrolle als Ausdruck und Folge der Wahlfreiheit des Individuums zu deuten – was sie fraglos sind – soll versucht werden, solche Unterschiede als Symptome der realen oder potenziellen *Mitgliedschaft einzelner in unterschiedlichen Kulturen* zu interpretieren. Diese Verknüpfung wäre methodisch die Verbindung von Individualebene und Aggregatebene. Dies Vorgehen ist zudem gerechtfertigt aufgrund der Beobachtung, dass Menschen nach Sinn streben und dass sie es auf lange Sicht nicht ertragen, wenn ihr Tun anderen oder gar ihnen selbst als sinnlos erscheint.

Zwar ist ein Individuum fähig dazu, ein eigenes Verhaltensmuster als persönlichen Stil zu schaffen, doch es hängt stets von einer Gruppenmeinung ab, wenn es ihm darauf ankommt, sein individuelles Tun als sinnerfüllt zu definieren. Konflikte zwischen Vertretern alternativer Geschlechterrollenkonzepte können aus einer solchen methodischen Perspektive als Versuche gedeutet werden, für die eine oder die andere Teilkultur der Gegenwart Anhänger zu gewinnen.

3. Kulturtypen und Wertorientierungen
Wegen ihrer großen Bedeutung für die Steuerung sozialen Handelns dienen *Werte* der Identifikation einer Kultur oder einer Reihe von Kulturen desselben Typs. Im folgenden sollen Kulturen auf drei Ebenen voneinander unterschieden

werden: auf der Ebene der Wertorientierung[12], der wirtschaftlichen Produktivität und der Familienform.

Der Zugang zum Bereich der Wertorientierung erfolgt aus der Perspektive der Kreativität, die einem der beiden Geschlechter als Gruppe aller Frauen bzw. aller Männer einer Gesellschaft zugeschrieben wird. In traditionalen Gesellschaften beruhen solche Zuschreibungen auf religiös fundierten sozialen Definition in der Form einer "Heiligen Familie". Die Mitglieder jener durch soziale Definition konstruierten Gruppen heiliger Personen repräsentieren als Orientierungsmodelle alle Menschen desselben Geschlechts, und durch Identifikation kann das sterbliche Individuum an der Kreativität der heiligen Person seines eigenen Geschlechts partizipieren.

Je älter eine "Heilige Familie", je größer ihr Abstand in der Religionsgeschichte von der Gegenwart, desto größer ist die Wahrscheinlichkeit, dass in ihrem Zentrum eine Frau als Mutterfigur steht. Um die Zeit 4000 v. Chr. dominierte die Muttergöttin in den meisten Kulturen der Mittelmeerländer, und etwa um 2000 v. Chr. ereignete sich eine machtvolle Renaissance der Mutterreligionen. In den Schöpfungsmythen dieser frühen Religionen wird die Erschaffung der ersten Menschen *als Geburtsakt* dargestellt.

Von den Urmuttergöttinnen wurde geglaubt, sie seien aus sich selbst heraus kreativ und bedürften zur Realisierung ihrer Potenzen keineswegs der Mitwirkung eines männlichen Wesens. Die Wertorientierung, die sich aus solchen religiösen Vorstellungen herleitet, bildet die Grundlage eines Kulturtyps, den wir "Frauenzentrierte Kultur" (FZ-Kultur) nennen. Einige Frauengruppen der Gegenwart haben ähnliche

---

[12] Zum soziologischen Wertbegriff siehe: Neil J. Smelser, Theory of Collective Behavior, New York, London, 1967, 5. Aufl. S. 25.

Wertmuster entwickelt, aufgrund derer sich eine Frau z.B. ein Kind wünscht, ohne jedoch auch einen Ehemann und Vater für das Kind zu wollen.

Die Antithese zur FZ-Wertorientierung ist der männliche Schöpfergott, der als Vater geglaubt wird, wobei Er, wie in den beiden Schöpfungsberichten des *Alten Testaments* dargestellt, der alleinige Ursprung allen Lebens zu sein beansprucht, also für die Aktualisierung seiner Potenzen die Mitwirkung keiner anderen und schon gar nicht einer weiblichen Person braucht. Die Wertorientierung, die diesem Religionsmodell entspricht, ist Kennzeichen der "Männer-zentrierten Kultur" (MZ-Kultur). Wenn christliche Theologen ein wenig mehr Fantasie hätten, könnten sie ihre "Heilige Familie" darstellen als Synthese zwischen FZ-Werten und MZ-Werten: William Lloyd Warner hat vor mehr als zwanzig Jahren auf diese Möglichkeit hingewiesen.[13]

Während Adam von einem autonomen und *auf sich allein gestellten* Vatergott geschaffen wurde, geschah bekanntlich die Menschwerdung Jesu nach christlichem Verständnis erst aufgrund der *Zustimmung einer Frau* und ihrer Bereitschaft, als Mutter daran mitzuwirken. Wie immer dem auch sei und völlig unabhängig von theologischen Aussagen liegt es jedenfalls nahe, sich eine Wertorientierung vorzustellen und als Idealtyp gedanklich zu konstruieren, in der Kreativität nicht der fraulichen oder männlichen Form menschlicher Existenz zugeschrieben wird, sondern der *Interaktion zwischen beiden Formen.* Die auf einem solchen Konzept aufruhende Kultur nennen wir "Kultur der Mann-Frau-Interaktion" (MF-Kultur).

---

[13] William Lloyd Warner, The Living and the Dead; A Study of the Symbolic Life of Americans, New Haven: Yale University Press 1959, in Auszügen nachgedruckt als: The Family of God, New Haven: Yale University Press 1961.

4. Kulturtyp und wirtschaftliche Produktivität

Wenn in einer Kultur *Kreativität primär als eine Qualität der Frau* definiert ist (FZ-Kultur), entscheidet sich der soziale Status einer Person weitgehend danach wer ihre weiblichen Vorfahren sind. Daher neigen Kulturen des FZ-Typs dazu, matrilineare Abstammungsordnungen zu stabilisieren. David F. Aberle[14] hat dargelegt, dass sich Matrilinearität mit größter Wahrscheinlichkeit auf der Grundlage einer Gartenbaukultur entwickelt, in der die Frau durch ihre Landarbeit die kontinuierliche Versorgung mit Nahrung garantiert. Die Männer mögen sich als Krieger und Jäger betätigen, doch ihr Beitrag zur Nahrungsmittelbeschaffung ist ungewiss und unzureichend.

Wenn jedoch die Kooperation der Männer in größeren Verbänden in den Dienst der Güterproduktion gestellt wird, endet zumeist die Matrilinearität der Gesellschaft. Eine zunehmende Bedeutung des Privateigentums etwa von zahmem Vieh in den Händen von Männern - also Eigentum, das man aufteilen kann und das sich vermehrt (Zinsen) - sowie allgemein Verfügungsgewalt der Männer über die wichtigsten Produktionsmittel und die Regelung des wirtschaftlichen und politischen Lebens durch überfamiliale Zusammenschlüsse, die nicht auf Verwandtschaft beruhen, signalisieren sowohl einen Anstieg der wirtschaftlichen Produktivität, als auch einen Übergang von der FZ-Kultur zur MZ-Kultur.[15] Angesichts dieser Forschungsergebnisse, die Aberle vorträgt, kann man die Hypothese formulieren, dass in modernen Industriegesellschaften die Produktivität der Wirtschaft in dem Maße rückläufig sein wird, in dem der

---

[14] David F. Aberle, Matrilineal Descent in Cross-cultural Perspective, in David M. Schneider Kathleen Gough (Hrg.), Matrilineal Kinship, Berkeley, Los Angeles 1962, S.655-727

[15] Ebd., S. 670

Einfluss der FZ-Kultur zunimmt. Japan ist vermutlich in der Gegenwart diejenige Industrienation, in der der FZ-Einfluss am geringsten ist.

Kathleen Gough ist aufgefallen, dass die matrilineare Qualität einer Kultur schwindet, wenn bürokratische politische Strukturen entstehen oder wenn ein matrilineares System eine Markt- und Geldwirtschaft entwickelt.[16] Bei sehr hohem Lebensstandard jedoch, wie in den USA oder Teilen Westeuropas heute, kann die Gesellschaft es einigen Minderheitsgruppen gestatten, sich von der Teilnahme an den Anstrengungen wirtschaftlicher Güterproduktion zu dispensieren und als Nonkonformisten und Anhänger einer FZ-Wertorientierung einigermaßen autonom zu leben.

Die sozialwissenschaftliche Forschung könnte sich besonders der Frage zuwenden, ob die Wahrscheinlichkeit der Entstehung von FZ-Kulturen in Industriegesellschaften in dem Maße zunimmt, in dem die Sozialgesetzgebung der Regierung die Aufgabe überträgt, den Bürgern des Landes Geld *nach ihren Bedürfnissen* zuzuweisen, anstatt *nach ihren Leistungen*. Ein solcher Trend zur leistungsunabhängigen, bedürfnisgerechten Versorgung ist insofern politisch relevant, als es für die betroffenen Bevölkerungsteile die Möglichkeit vergrößert, wirtschaftlich vom Markt unabhängig zu werden.

Wenn Kreativität in einer Kultur als typische Eigenschaft der männlichen Version menschlicher Existenz definiert ist, hängt der soziale Status des einzelnen davon ab, wer ihre oder seine *männlichen Vorfahren* sind. Das erklärt, warum MZ-Kulturen patrilineare Abstammungsordnungen stabilisieren. Die Untersuchungen von David F. Aberle "deuten darauf hin, dass das Rind der Feind der Matrilinearität und der

---

[16] Ebd., S. 661

Freund der Patrilinearität ist. Wird das Rind vor den Pflug gespannt, dann entsteht gar eine Tendenz zur Bilateralität, obwohl Patrilinearität sehr wohl erhalten bleiben kann."[17]

Über die Eingeborenenkulturen Afrikas schreibt Aberle: "Landkarten von der geographischen Verbreitung von Rindern und der Tse-Tse-Fliege südlich des tropischen Regenwaldes geben starken Anlass zu dem Eindruck, dass die meisten matrilinearen Völker in Gegenden leben, in denen es die Tse-Tse-Fliege unmöglich macht, Rinder zu züchten.[18] Aber in Kulturen mit Großtierhaltung und dem Weiden von Großtierherden durch Hirten wird die Arbeit des Viehzüchters und Hirten von Männern ausgeübt. Die große Mehrheit der Hirtenkulturen hat patrilineare Abstammungsordnungen.[19]

In der entsprechenden religiösen Symbolwelt ist selbst der "Herr ... mein (ein!) Hirte" und "mir wird nichts mangeln", weil die Produktion für den Markt ganz in den Händen der Männer liegt. Sie haben die Körperkraft, die für den Umgang mit Großvieh nützlich ist, und sie führen daher das Vieh zum Verkauf an anonyme Abnehmer auf den Markt.

Die wirtschaftliche Bedeutung der Hauswirtschaft in Frauenhand war an Hack- und Gartenbau und eine sesshafte Lebensweise gebunden. Die hohe geographische Mobilität der Hirtenkulturen riss die Frauen vom Boden los und schwächte damit ihre Chance einer hauswirtschaftlichen Güterproduktion im Garten.

Das höchste Produktivitätsniveau einer vorindustriellen Kultur wird dann erreicht, wenn Männergruppe und Frauen-

---

[17] Ebd., S. 680
[18] Ebd., S. 668
[19] Ebd., S. 677, Tabelle 17-4

gruppe ihre je geschlechtsspezifischen Produktionsstile kombinieren: In den sesshaften Kulturen der Mann-Frau-Interaktion (MF-Kulturen) praktizieren die Frauen Gartenbau, Geflügelzucht, Kleintierhaltung und Textilproduktion im Bereich der Hauswirtschaft, während die Männer den Ackerbau und die Großviehhaltung für den Markt übernehmen. Diese Form der Arbeitsteilung ist in den MF-Kulturen vorherrschend gewesen und bis zur Industrialisierung durch viele Jahrhunderte hindurch stabil geblieben.

5. Abstammungsordnungen und Familienformen
Die FZ-Familie basiert auf der Mutter-Kind-Dyade und legt wenig oder kein Gewicht auf Vaterschaft. Sie stabilisiert die Persönlichkeit der Tochter besser als die des Sohnes, weil die Kontinuität des Verwandtschaftsverbandes von der Mutter auf die Tochter übergeht.

Geschlechtsverkehr wird im Kontext der FZ-Kultur primär als Lusterlebnis und nicht als ein Handeln zum Zeugen und Empfangen von Nachwuchs gesehen. Da Vaterschaft kein zentrales Konzept darstellt, braucht man nicht unbedingt zu wissen, von welchem Mann eine Schwangere empfangen hat. Deshalb sind die Sexualnormen nicht restriktiv, sondern können eher permissiv sein.

Da stabile Mann-Frau-Beziehungen unter FZ-Bedingungen nicht auf Ehe, sondern allein auf Blutsbanden beruhen, ist die *zentrale männliche Gestalt* der FZ-Familie nicht der Sexualpartner der Frau, sondern ihr Bruder, ihr Onkel mütterlicherseits oder ihr erwachsener Sohn. Diese genannten Männer sind für die Frau nach dem Inzesttabu tabuisiert. Infolgedessen wird der Binnenraum der FZ-Familie von Sexualität freigehalten, abgesehen von der Möglichkeit, dass der Sexualpartner der Frau vorübergehend und gastweise zugelassen wird. Idealtypisch gesehen hat eine

Scheidung die Form einer Entlassung des Mannes: Die Kinder bleiben bei der Mutter.

Die MZ-Familie beruht auf der Vater-Kind-Beziehung und lässt die Möglichkeit einer Entlassung der Frau (Altes Testament, China, Japan) offen. Ein neugeborenes Kind wird durch die Vermittlung seines Vaters Mitglied eines Verwandtschaftsverbandes und der Gesellschaft. Folglich kann die Familie zur Stabilisierung der Persönlichkeit des Sohnes einen größeren Beitrag leisten als zu der der Tochter. Würde eine junge Frau nicht streng bewacht, um jede Möglichkeit des Sexualkontakts von ihr fernzuhalten, so würde kein Mann sie heiraten wollen aus Furcht, sie könnte schon von einem anderen Mann empfangen haben und es würde daher unmöglich zu klären, wer der Vater ihres Nachwuchses ist.

Legitime Sexualität ist auf den Geschlechtsverkehr zwischen Verheirateten beschränkt. Heirat bedeutet, dass die Frau die Mitgliedschaft in ihrer Familie aufgibt und durch den Initiationsritus der Trauung Vollmitglied in der Familie ihres Mannes wird. Diese Kriterien beschreiben recht genau die Mehrheit der Familien im heutigen Japan.[20]

Die MF-Familie basiert auf der Mann-Frau-Beziehung, der die Eltern-Kind-Beziehung untergeordnet ist. Falls eine Ehe kinderlos bleibt, tangiert das die Gültigkeit der Ehe nicht, falls Kinder gewollt waren (Kirchenrecht der katholischen Kirche). Heirat bedeutet die Verschmelzung zweier Verwandtschaftsverbände zu einem einzigen. Ehescheidung wird abgelehnt, weil sie die Rückgängigmachung einer solchen Verschmelzung zweier Clans erfordern würde.

---

[20] Gerd Reinhold, Familie und Beruf in Japan - Zur Identitätsbildung in einer asiatischen Industriegesellschaft, Berlin: Duncker & Humblot 1981.

Da Vaterschaff auch hier ein bedeutendes Konzept darstellt, da also die Feststellung des Vaters unbezweifelbar möglich sein muss, sind die Sexualnormen ähnlich restriktiv institutionalisiert wie unter den Bedingungen der MZ-Kultur.

Übersicht über die Merkmale dreier Kulturtypen

Kulturtyp	FZ-Kultur	MZ-Kultur	MF-Kultur
Abstammungs-ordnung	matrilinear	patrilinear	bilateral
Produktions-weise	Hack- und Gartenbau	nomadisches Hirtenwesen	Pflugkultur und Gartenbau
Wirtschaftsform	Hauswirt-Schaft	Geld- und Marktwirtschaft	sowohl Haus- als auch Geld- und Marktwirtschaft
Zentrales Paar der Familie	Mutter-Tochter	Vater-Sohn	Ehemann- Ehefrau
Sexualnorm	permissiv	restriktiv	restriktiv
Stabilisierung der Mann-Frau-Beziehg.	Blutsbande (Onkel, Bruder, Sohn)	Nachwuchs („Mütter meiner Söhne")	Eheintimität
Scheidungs-form	Entlassung des Mannes	Entlassung der Frau	Verfeindung zweier Clans

Durch die Kombination von Merkmalen kann im Anschluss an diese Tabelle die *Konstruktion der Idealtypen* dreier Teilkulturen in Industriegesellschaften dargestellt werden:

a) Frauenzentrierte Teilkulturen
Idealtypisch gehört zur frauenzentrierten Teilkultur das Wertsystem autonom fraulicher Kreativität. Die Kreativität kann jedoch nicht die isolierte Frau aus sich heraus sich selbst zuschreiben, sondern sie wird ihr aufgrund ihrer Mitgliedschaft in dem Gesamtverband der Frauen zuer-

kannt. Die Abstammungsordnung dieses Idealtyps einer Teilkultur ist matrilinear, weil die Frau ihrem Ehepartner die *Mitgliedschaft in der Gesellschaft* über ihre eigene *Mitgliedschaft in der zentralen Frauengruppe* vermitteln kann.

Daraus folgt auch, dass bei der Partnerwahl die Frau die Initiative ergreift und sich aus dem Kreis der heiratsfähigen Männer den passenden Ehemann aussucht (vgl. die Zentralfigur in der *Oper Carmen* nach der Novelle von Prosper Mérimée). Ihre zentrale Stellung im Intimbereich ist durch Wertsystem und Abstammungsordnung als Vermittlung der Mitgliedschaft legitimiert. Sollte es zu einer Ehescheidung kommen, so wird der Mann entlassen und etwa vorhandene Kinder bleiben bei der Mutter.

Realtypisch können die verschiedenen Frauenbewegungen als graduelle Abweichungen von diesem Idealtyp beschrieben werden. Sie formulieren durchweg den Anspruch autonom fraulicher Kreativität. Sie bilden Frauengruppen, die sich meistens als Randphänomene der Gesellschaft etablieren und daher nicht wirksam Mitgliedschaft an Männer und Kinder vermitteln können, schon gar nicht, wenn die der nächsten Generation angehören. Im frauenzentrierten Ehetyp bleibt die Herrschaft der Frau unzureichend legitimiert, weil die Legitimation durchweg allein über den autonomen Einkommenserwerb versucht wird. So degeneriert *frauliche Dominanz* innerhalb dieses Realtyps häufig zu einer von Legitimationsschwäche gezeichneten Machtausübung.

In diesem Zusammenhang ist dann der Stellenwert der Ehe als Institution nicht hoch veranschlagt. Mutterschaft wird nicht unbedingt an Ehe gebunden und im Kontext matrilinearer Vermittlung der Mitgliedschaft ist dies auch konsequent. Weil aber, wie erwähnt, für eine wirksame Matrilinearität die zentrale Frauengruppe normalerweise fehlt, verstärkt eine Emanzipation der Mutterschaft von Ehe – sei es als gewollte uneheliche Mutterschaft, sei es im Anschluss an eine Ehescheidung in der Form der Entlassung des Mannes – nur noch die Isolierung der Mutter-Kind(er)-Gruppe. Die Ehescheidung hat in aller Regel die Form einer Entlassung des Mannes aus der Mutter-Kind(er)-Gruppe. In den Industriegesellschaften der Gegenwart be-steht *ein ernstzunehmender Trend in Richtung auf diese Teilkultur.*

Die weitverbreitete Anwendung von Ovulationshemmern wäre darauf zu überprüfen, ob sie einen Einfluss auf das Wertsystem der beteiligten Personen ausübt. Die mit der Erstellung des Dritten Familienberichts beauftragte Sachverständigenkommission hat ihren Umfragen entnommen, dass etwa 30 % aller Frauen im gebärfähigen Alter regelmäßig die empfängnisverhütende Pille einnehmen.[21] Technisch liegt bei Einnahme der Pille die Entscheidung für oder gegen ein Kind in der Ehe bei der Frau allein.

Der Wille zur Vaterschaft beim Mann bleibt in dieser Perspektive unwirksam, und das schwächt möglicherweise im Bewusstsein aller Beteiligten einschließlich der Kinder den Stellenwert von Vaterschaft. Vaterschaft könnte unter solchen kulturellen Bedingungen ähnlich irrelevant werden wie bei den von Malinowski beschriebenen Bewohnern der Trobriand-Inseln. (Westdeutsche Parteipolemik: Adenauer war noch ein Vater, Willy Brandt war schon ein Onkel!)

---

[21] Bericht der Sachverständigenkommission der Bundesregierung—Dritter Familienbericht Zusammenfassender Bericht, in: Deutscher Bundestag, 8. Wahlperiode, Drucksache 8/3120 20.8.1979, S. 43

b) Männerzentrierte Teilkultur

Idealtypisch gehört die männerzentrierte Teilkultur zu dem Wertsystem *autonom männlicher Kreativität*, das im Innenverhältnis der Ehe die zentrale Stellung des Mannes gegenüber der Frau legitimiert. Mitgliedschaft in den Großgruppen der Gesellschaft wird durch den Mann an Frau und Kinder vermittelt, weil nur der Mann Mitglied in der außerfamilialen Männergruppe ist. Daher ist das Wahlrecht ursprünglich Männersache.

Diesem Idealtyp entspricht die Berufswelt der Industriegesellschaft Japans, in der deutlich sichtbar sozialer Status auf der sozialen Beziehung zwischen Männern beruht.[22] Wendet man diesen Idealtyp jedoch auf die Berufswelt in westlichen Industriegesellschaften an, so scheitert die Zuschreibung von Kreativität an die Männergruppe einmal an der Technik- und Bürokratieabhängigkeit des isolierten Individuums und sodann, wo dies nicht zutrifft, an fehlender Solidarität innerhalb der Männergruppe, die gerade in Japan als soziale Heimat des männlichen Arbeitnehmers so bedeutsam ist.

Der idealtypisch im Bereich des Wertsystems formulierte Anspruch auf autonome Kreativität der Männer wird durch Fremdbestimmtheit und Interessenkonflikte auf der Ebene des Realtyps unglaubwürdig. Die Vermittlung von Mitgliedschaft an Frauen und auch an Jugendliche scheitert häufig an fehlender Identifikationsbereitschaft bei diesen mit ihren Ehemännern bzw. Vätern. Die männliche Dominanz in der männerzentrierten Ehe ist daher von ganz ähnlichen Legitimationsschwächen gekennzeichnet wie der Herrschaftsanspruch der Frau in der Teilkultur fraulicher Dominanz.

---

[22] Gerd Reinhold a.a.O.

c) Interaktive Teilkultur

Sowohl die frauenzentrierte als auch die männerzentrierte Teilkultur können methodisch als Verfallsformen des Idealtyps der interaktiven Teilkultur betrachtet werden. Ihr entspricht auf der Ebene der Abstammungsordnung ein bilaterales Verwandtschaftssystem. Zentrale Quelle der Kreativität ist nach dem Wertsystem dieser Teilkultur die Mann-Frau-Interaktion. Sie setzt auf der Ebene der Großgruppenbildung in der Gesellschaft eine Männergruppe und eine Frauengruppe voraus, die je für sich einen relevanten Teilbereich der lebenserhaltenden Funktion wahrnehmen. Die Mitgliedschaft in der Gesellschaft wird über beide Gruppen bilateral vermittelt, weil jeder einzelne Mensch sich zugleich über die Männergruppe seines Vaters und über die Frauengruppe seiner Mutter zur Gesellschaft oder doch wenigstens zu der von ihm für zentral gehaltenen Teilkultur vermittelt weiß.

In der interaktiven Ehe werden Handlungsstrategien zwischen Mann und Frau ausgehandelt, wobei der konkrete Inhalt der Geschlechterrollen von der Männergruppe bzw. der Frauengruppe her vorgegeben ist. Dieses in der politischen Diskussion immer häufiger als "partnerschaftlich" bezeichnete Modell ist als Idealtyp von der sozialen Wirklichkeit vor allem deshalb weit entfernt, weil es in sich solidarische und untereinander gleichwertige Männer- und Frauengruppen in der Wirklichkeit der Industriegesellschaften der Gegenwart kaum gibt. Noch nicht einmal politische Bemühungen, sie zu schaffen, sind erkennbar. Statt dessen wird vielfach unter Hinweis auf einen den Männern analogen Kreativitätsanspruch betrieben, dass Frauen immer zahlreicher in traditionelle Männergruppen der Berufswelt (Rotary Club) und der Streitkräfte (Offizierskorps) aufgenommen werden.

Diese Tendenz müsste in der Forschung, die nicht rein konformistisch sein will, mit besonderer Skepsis verfolgt werden. An ihr scheitert nämlich möglicherweise überhaupt die Funktionsteilung zwischen Männer- und Frauengruppen in Industriegesellschaften, und die Produktivitätsvorteile der bilateralen Abstammungsordnung verlieren sich als Folge davon möglicherweise ebenso wie diese selbst. In einer von ihrer sozialen Umwelt isolierten Ehe könnten Mann und Frau dann bestenfalls noch sozialpsychologische Effekte des Spannungsausgleichs durch Metakommunikation über Konflikte zu erreichen suchen, deren Lösung tatsächlich jedoch nur auf der Ebene der Großgruppen möglich wäre. Um aber solche Zusammenhänge in der empirischen Forschung sichtbar machen zu können, braucht man ein ausgearbeitetes theoretisches Konzept auf der Grundlage der Mehrebenenanalyse.

6. Matrilinearität als das wahrscheinlichere Modell?
Im Laufe der sechziger und siebziger Jahre hat sich in der Bundesrepublik Deutschland ein deutlicher Wandel im Verständnis von Verwandtschaft so vollzogen, dass nichteheliche Kinder mit großer Selbstverständlichkeit zur Welt kommen und dadurch oder nach Ehescheidungen nur zu einem Elternteil bleibende Beziehungen aufbauen. Auf die Frage, mit wem diese Kinder eigentlich verwandt sind, ergibt sich häufig die Antwort, dass sie vermutlich nicht Mitglied der Familie ihres Erzeugers werden.

Wenn unsere Rechtsordnung die Möglichkeit offenhält, dass ein Kind den Namen seines Erzeugers niemals erfährt, dass in seiner Geburtsurkunde nur die Mutter genannt ist, dann folgt daraus, dass unter uns Mitbürger leben, die nur Verwandte mütterlicherseits, und eben keine Verwandten väterlicherseits haben, also nicht unter Bedingungen einer bilateralen Verwandtschaftsordnung leben (was hier nicht kritisiert oder infrage gestellt werden, sondern einfach klar erkannt werden soll).

Dazu kommt es, wie erwähnt, nicht nur durch nichteheliche Geburten, also weil eine Ehe gar nicht erst bestanden hat, sondern auch durch das nachträgliche Entfallen einer Ehe durch Ehescheidung. In der Alltagspraxis bleiben kleinere Kinder nach einer Scheidung meistens bei der Mutter, so dass die verwandtschaftlichen Bindungen zur Familie des Vaters problematisch werden oder ganz verloren gehen können.

In der Bundesrepublik Deutschland lebten 1980 mehr als 600.000 alleinerziehende Mütter, die ohne Beteiligung eines Mannes ihr Kind oder ihre Kinder betreuen. In der Zeit von 1996 bis 2015 ist die Anzahl der Alleinerziehenden Mütter und Väter von 1,3 Millionen auf 1,6 Millionen angestiegen. Von den 12,9 Millionen Kindern unter 18 Jahren leben im neuen Millennium 18 Prozent (!) bei einem alleinerziehenden Elternteil. In neun von zehn Fällen ist der alleinerziehende Elternteil die Mutter.[23]

Der Kontext einer matrilinearen Abstammungsordnung, in dem ein Verwandtschaftsverband ohne Ehe und ohne Vaterschaft unbegrenzt existieren kann, ist in der Bundesrepublik nicht nur legal, sondern normal. Es wäre gewiss interessant, im Rahmen der Sozialforschung regelmäßig Daten darüber zu erheben, ein wie großer Anteil der Bevölkerung diesem Verwandtschaftstyp zugerechnet werden muss.[24]

Der Zerfall der Bevölkerung der Bundesrepublik Deutschland in Angehörige verschiedener Teilkulturen zeigt sich

---

[23] Bundesministerium BMFSFJ, Internetauftritt, Dezember 2019.
[24] Vgl.: Horst Jürgen Helle, Familien, Kulturtypen und Wertsysteme, in: Zeitschrift für Politik,27. Jg. (März 1980), S. 18-43.

auch an der Einstellung zur Frage der Sexualnormen. In einer Befragung des EMNID-Instituts zum Thema "Ehe und Familie 1977" vom März 1977 wurde einer repräsentativen Auswahl von Bewohnern der Bundesrepublik die Frage vorgelegt: "ich lese Ihnen jetzt zwei Aussagen vor. Sagen Sie mir bitte jeweils, ob Sie dem zustimmen oder nicht zustimmen? Eine volle geschlechtliche Beziehung zwischen Mann und Frau setzt eine gültige Ehe voraus." Ihre Zustimmung gaben 54 % der Befragten, dagegen erklärten 44 %, (1977) nicht zustimmen zu wollen. Der entsprechende Wert ist erheblich höher in der jungen Generation der noch nicht Dreißigjährigen, wo er auf 62 % ansteigt. Diese Daten von 1977 dürften 2020 hochgradig veraltet sein.

Außerdem hängt er von der Schulbildung der Befragten ab. Von den Absolventen eines Gymnasiums oder einer Hochschule sagen 61 %, dass sie nicht zustimmen.[25] Nun ist freilich. damit nicht gesagt, dass die Betreffenden ihre Einstellung lebenslänglich beibehalten. Daher könnte die hier entwickelte Typologie auch der Zuordnung von Lebensphasen zu einzelnen Teilkulturen dienen. So ließe sich z.B. die Hypothese formulieren, dass männliche Gymnasialschüler und Studenten wegen der Verzögerung ihrer Aufnahme in das Berufsleben als Teenager und Twens der matrilinearen Teilkultur zuneigen, um zwischen 30 und 40 als etablierte Akademiker zu Anhängern der MZ- oder der MF-Kultur zu werden. Eine solche Konversion würde häutig mit einem Wechsel der Partnerin einhergehen, weil zur MZ- oder MF-Orientierung eine Frau nicht passt, die offensichtlich für permissive Sexualnormen eintritt. Jedenfalls bietet diese Hypothese eine vorläufige Deutung der Beantwor-

---

[25] EMNID-Institut. Ergebnisse der Spezialfragen zum Thema: EHE UND FAMILIE 1977. Bielefeld, März 1977, Tabelle 126.

tungen, welche die genannte EMNID-Frage bei Jüngeren und bei Gebildeteren auslöste.

Um aber Aussagen über die Wirklichkeit der privaten Lebensformen und über die Dynamik ihres Wandels in der Bundesrepublik Deutschland machen zu können, brauchen wir Daten, die es bisher nicht gibt. Eine empirisch gehaltvolle Typologie – die von der hier zur Diskussion gestellten ganz verschieden sein mag – stellt die Voraussetzung dafür dar, dass über längere Zeit hinweg repräsentative Daten zu der Frage gesammelt werden können, wie sich die Bevölkerung prozentual auf die verschiedenen Typen privater Lebensformen verteilt, welche Abstammungsordnung zu-, welche abnimmt, und ob wir uns auf dem Weg zur matrilinearen Gesellschaft befinden oder nicht.

Zitierte Veröffentlichungen:

Aberle, David F. (1962): Matrilineal Descent in Cross-cultural Perspective, in: David M. Schneider Kathleen Gough (Hrg.), Matrilineal Kinship, Berkeley, Los Angeles, S.655-727.

Beck-Gernsheim, Elisabeth: Männerrolle, Frauenrolle - aber was steht dahinter? in: Roland Eckert (Hrg.), Geschlechtsrollen und Arbeitsteilung, München 1979, S. 165-201,

Bundesministerium BMFSFJ, Internetauftritt, Dezember 2019.

Bundesregierung: Stellungnahme der Bundesregierung zum Bericht der Sachverständigenkommission für den Dritten Familienbericht, in: Deutscher Bundestag 8. Wahlperiode, Drucksache 8/3120 – 1979.

DIE WELT: Frauen nicht als Soldaten, Duisburg/Bonn (AP), in: Tageszeitung Die Welt, Nr. 155 vom 7. Juli 1980, S.2.

EMNID-Institut, Ergebnisse der Spezialfragen zum Thema: EHE UND FAMILIE 1977, Bielefeld, März 1977, Tabelle 126.

Helle, Horst Jürgen: Familien, Kulturtypen und Wertsysteme, in: Zeitschrift für Politik,27. Jg. (März 1980), S. 18-43.

Malinowski, Bronislaw (1929). Das Geschlechtsleben der Wilden in Nordwest-Melanesien. Liebe - Ehe und Familienleben bei den Eingeborenen der Trobriand-Inseln, Britisch-Neu-Guinea; eine ethnographische Darstellung. Grethlein, Leipzig und Zürich. ohne Jahr, (Einleitung: London, Januar 1929)

Meyners, Robert and Claire Wooster, Sexual Style, New York, London 1979.

Ohe, Elizabeth von der: Brief an H. J. Helle vom 31. Juli 1979 University of Maryland, University College, Munich Campus.

Reinhold, Gerd: Familie und Beruf in Japan - Zur Identitätsbildung in einer asiatischen Industriegesellschaft, Berlin 1981.

Smelser, Neil J.: Theory of Collective Behavior, New York, London, 1967, 5. Aufl. S. 25.

Warner, William Lloyd: The Living and the Dead; A Study of the Symbolic Life of Americans New Haven 1959, in Auszügen nachgedruckt als: The Family of God New Haven 1961.

Zum Wandel der Rollen von Mann und Frau
in der Industriegesellschaft 1977

I.

Verschiedene Forschungsergebnisse der vergleichenden Völkerkunde - insbesondere Arbeiten von Margaret Mead - haben das Bewusstsein davon verbreiten helfen, dass die konkrete Ausgestaltung der Geschlechtsrollen von Kultur zu Kultur sehr unterschiedlich sein kann.

Bei aller Verschiedenheit stimmen jedoch die miteinander verglichenen Kulturen darin überein, dass bei ihnen allen die biologisch gegebene Differenz zwischen den Geschlechtern kulturell noch überhöht und dadurch stärker betont wird. Obwohl also die eine Kultur dem Mann genau jene Funktion zuweist, die in einer Kultur der Frau übertragen wird, scheint doch allen Kulturen (außer der spätindustriellen Gegenwart) eine starke Tendenz zur Polarisierung der Geschlechtsrollen gemeinsam zu sein.

Andererseits haben neuere gesellschaftskritische Theorieansätze der Soziologie den Standpunkt vertreten, dass unter den Bedingungen der Industriegesellschaft eine Zurücknahme der Spezifizität der Geschlechtsrollen geboten sei. Ohne ausdrücklich auf die Rollen von Mann und Frau Bezug zu nehmen, wendet sich z.B. Jürgen Habermas dagegen, dass "die interaktive Reziprozität, die in der Rollenstruktur angelegt ist, selber zum Prinzip erhoben wird".[26]

Wann immer das geschehe, müsse nach der Ansicht von Habermas das Individuum nämlich damit rechnen, "dass sich die traditionell eingewöhnten Lebensformen als bloß partikular, als unvernünftig erweisen; deshalb muss es seine Identität sozusagen hinter die Linien aller besonderen Rollen

---

[26] Jürgen Habermas, Dieter Henrich, Zwei Reden, Frankfurt/M. 1974, 5. 30.

und Normen zurücknehmen und allein über die abstrakte Fähigkeit stabilisieren",[27] um in beliebigen Situationen mit sich selbst identisch zu bleiben. Hier wird die Entdifferenzierung zum Programm erhoben.

Empirische Beobachtungen an sogenannten Partnerschaftsehen in der Industriekultur der Gegenwart deuten tatsächlich darauf hin, dass eine Angleichung der Rollen von Mann und Frau einer wechselseitigen Stabilisierung der Identität in der Ehe förderlich ist. Andererseits ergibt sich aus den Erkenntnissen der Sozialisationstheorie, dass gerade eine prägnante Verschiedenheit von Vater und Mutter Voraussetzung für eine erfolgreiche Erziehung der Kinder ist, eben weil ja nicht „ein Kind," sondern ein Mädchen oder ein Junge erzogen wird.

Wenn es zuträfe, dass Rollenangleichung die Ehe stützt und Rollendifferenzierung die Erziehung der Kinder fördert, würde sich das beunruhigende Denkresultat ergeben, dass Ehe und Elternschaft in Konflikt miteinander geraten müssen. Im Folgenden soll daher gefragt werden, ob dieser Konflikt zwischen Ehe und Elternschaft im Zusammenhang mit dem Wandel der Rollen von Mann und Frau in der Industriegesellschaft tatsächlich auftritt, und falls dies zutrifft, unter welchen beschreibbaren Bedingungen es der Fall ist.

II.

In der Bundesrepublik Deutschland waren im Jahre 1974 rund 17 Mill. Männer und 10 Mill. Frauen erwerbstätig. Diese Zahlen sagen über den Grad der Angleichung der Rollen von Mann und Frau verhältnismäßig wenig aus. Schon aus dem Jahr 1882 liegen für das Deutsche Reich statistische Daten vor, nach denen rund 25% aller weiblichen Bewohnerinnen

---

[27] Ebd.

des damaligen Deutschlands erwerbstätig waren. Die entsprechende Zahl ist bis zum Jahr 1907 auf 30,5% angestiegen. Sie schnellte 1939 wegen des Kriegsbeginns auf 36,3 in die Höhe. 1950 betrug sie 31,4%. Im tabellarischen Überblick und weiter verfolgt bis in die jüngste Vergangenheit sieht Entwicklung so aus:

Erwerbstätige Frauen in % der weiblichen Wohnbevölkerung

Jahr	%
1882	24,7
1907	30,5
1925	35,6
1933	34,2
1939	36,3
1950	31,4[28]
1960	32,4
1970	30,3
1980	37,6
1983	31,6[29]
1992	48,0
2003	46,0

Diese Zahlen deuten an, dass sich die Erwerbsquote der weiblichen Wohnbevölkerung seit 1907 bis 1970 zwischen 30% und 32% eingependelt hatte, wenn man von kriegsbedingten Abweichungen absieht. Jedenfalls konnte damals von einem stetigen Aufwärtstrend keine Rede sein. Da die Erwerbsquote davon beeinflusst wird, wie die Bevölkerung altersmäßig zusammengesetzt ist, kann bei einer Überalterung der Bevölkerung eine gleichbleibende Erwerbsquote

---

[28] Henning Dunckelmann, Die erwerbstätige Frau (Ehefrau) im Spannungsfeld von Beruf und Konsum, Tübingen 1961, S. 46.

[29] Eigene Berechnungen nach dem Statistischen Jahrbuch der Bundesrepublik Deutschland.

dennoch bedeuten, dass ein höherer Anteil der im erwerbsfähigen Alter stehenden Frauen berufstätig geworden ist.

Allerdings lag dann „im Jahr 2012 die Frauen-Erwerbstätigenquote bei 68,0 %, die der Männer bei 77,6 %. Wenn auch die Zahl berufstätiger Frauen in Deutschland seit 1991 angestiegen war, hatte deren Arbeitsvolumen (die Gesamtheit aller von Frauen geleisteten Erwerbsarbeitsstunden) insgesamt nicht zugenommen. So war die Zahl der Frauen in Vollzeitstellen stark gesunken. Im Gegensatz zur einfachen Erwerbstätigenquote ist die weibliche Vollzeitäquivalent-Erwerbstätigenquote von 1992 (48 %) bis 2003 (46 %) leicht gefallen. Viele Frauen gingen nämlich eher einer Teilzeitarbeit oder einer geringfügigen Beschäftigung nach als einem so genannten Normalarbeitsverhältnis.

Dabei ist zu bedenken, dass Frauen, die in Teilzeit arbeiten, das im Westen meist auf eigenen Wunsch tun, während dies im Osten auf weniger als die Hälfte zutrifft. Zudem akzeptierte fast die Hälfte des weiblichen Geschlechts althergebrachte Rollenmuster, bei denen der Mann voll berufstätig ist und die Frau zu Haus bleibt. Im Jahre 2019 arbeiteten in Deutschland die Frauen mit 45 % deutlich häufiger Teilzeit als im EU-Durchschnitt. Nur in den Niederlanden waren Frauen mit 76 % noch häufiger in Teilzeit beschäftigt."[30]

Zum Vergleich die Entwicklung der Erwerbsquote der Männer: Erwerbstätige Männer in % der männlichen Wohnbevölkerung Westdeutschlands
Jahr %
1960 60,0
1965 61,5
1970 59,4

[30] Wikipedia: Frauenerwerbsquote, Internet, Dezember 2019.

1980 62,4
1983 55,6

Wie diese Zahlen zeigen, „nahm die Erwerbsquote von Frauen in den meisten westlichen Industrieländern in der Periode von 1960 bis 1985 zu. Die Erwerbsquote der Männer hingegen liegt in allen westlichen Industriestaaten Mitte der 80er Jahre erheblich unter dem Niveau von 1960. Der Abschwung der Männererwerbsquote variiert jedoch von Land zu Land. Am stärksten schrumpfte sie in den Niederlanden, in Frankreich, Italien, in der Bundesrepublik Deutschland und in Schweden; im Unterschied dazu nahm sie in Japan, Norwegen, in den USA und in Kanada deutlich langsamer ab.“[31]

In absoluten Zahlen ausgedrückt waren 1983 in der BRD 14 914 000 Männer und 9 480 000 Frauen erwerbstätig. Demnach verhielt sich 1983 die Zahl der erwerbstätigen Männer zur Zahl der erwerbstätigen Frauen wie 17:10. Die statistischen Daten zeigen einerseits, dass in zwischen 1907 und 1970 die Erwerbsquote der weiblichen Wohnbevölkerung praktisch unverändert geblieben ist, andererseits aber auch, dass mit dem Verhältnis von 17:10 der Anteil der Frauen an der erwerbstätigen Bevölkerung als sehr bedeutsam angesehen werden muss.[32]

Für die Frage nach dem Wandel der Rollen von Mann und Frau in der Industriegesellschaft ist nun aber die Tatsache der Berufstätigkeit allein gar nicht entscheidend. Es kommt vielmehr darauf an, ob es sich bei der Berufstätigkeit etwa um eine geschlechtsgebundene Tätigkeit handelt, wie z.B.

---

[31] Manfred G. Schmidt: Wie und warum die Männererwerbsquote in den westlichen Industriestaaten abnimmt. SpringerLink, Internet 2019.
[32] Eigene Berechnungen nach dem Statistischen Jahrbuch der Bundesrepublik Deutschland.

bei der Kindergärtnerin, Krankenschwester oder Sekretärin, oder ob innerhalb des Berufslebens eine starke Tendenz zur beliebigen Einsetzbarkeit eines Mannes oder einer Frau in der betreffenden Berufsrolle besteht. Die Arbeitsteilung zwischen Mann und Frau in der Familie wird vor allem davon beeinflusst, ob eine ganztägige Berufstätigkeit außerhalb des Hauses ausgeübt wird oder nicht. Die außerhäusliche Erwerbstätigkeit der Hausfrau und insbesondere der Mutter widerspricht der traditionellen Vorstellung von den Geschlechtsrollen. Sie kann daher zum Wandel dieser Rollen führen.

Empirische Befragungen[33] zeigen, dass ein hohes Maß an traditioneller Rollenerwartung gerade bei Frauen vorhanden ist. Danach wird von dem Mann weiterhin erwartet, dass er durch seine Berufstätigkeit den Lebensunterhalt verdient, während der Frau angesonnen wird, den Haushalt zu führen und etwa vorhandene Kinder zu betreuen und zu erziehen. Die Erwartung von dem, was als typische Tätigkeit der Frau anzusehen ist, weicht offenbar für sehr viele Frauen von dem ab, was sie tatsächlich tun und erleben. Diese Diskrepanz zwischen erwartetem und faktisch erlebtem Inhalt der Frauenrolle beeinflusst die Ebene der Wertungen.

Auf der Ebene der Wertungen beobachten wir eine Spaltung der Bevölkerung in zwei Lager: das eine, eher konservative, kritisiert das tatsächliche Verhalten berufstätiger Ehefrauen und vor allem Mütter und betont die Richtigkeit der traditionellen Erwartungen. Das andere, eher progressiv-emanzipatorische kritisiert die traditionellen Erwartungen als veraltet und begrüßt die Tendenz zur Gleichstellung der

---

[33] Wolfgang Schulz, Theoretische und empirische Analyse der Frauenrolle - Orientierungshilfe für Pädagogen, in: Österreichisches Jahrbuch für Soziologie, 1975, S. 16-30.

Frauen mit den Männern in der Öffentlichkeit und Arbeitswelt. Angesichts dieser Kontroverse stellt sich die Frage, welchen Ursprung die Verteilung der Aufgaben auf die Rollen von Mann und Frau hat und welche funktionale Berechtigung die traditionellen Geschlechtsrollen in der Vergangenheit hatten und in der Gegenwart entweder nicht mehr oder immer noch haben.

III.

Betrachtet man die Kulturgeschichte der Menschheit im Überblick, dann erscheint in der Gegenwart nicht die Mitwirkung von Frauen an der Produktion materieller Güter, sondern ihr Ausschluss von einer solchen Mitwirkung durch die Beschränkung auf die Tätigkeit im Haushalt als bemerkenswert.

Tatsächlich hat nämlich in der agrarisch-handwerklichen Kultur der Vergangenheit die Frau zur materiellen Güterproduktion in der Hauswirtschaft stets einen sehr bedeutsamen Beitrag geleistet. Das Sprichwort: Als Adam grub und Eva spann, wer war dann der Edelmann? sollte wohl darauf hindeuten, dass nur eine ganz dünne Oberschicht die Frau und übrigens auch den Mann von der Notwendigkeit freistellte, an der materiellen Güterproduktion mitzuwirken. Für mehr als 90% der Bevölkerung in der Agrargesellschaft skizzierte dieses Sprichwort die Arbeitsteilung zwischen den Geschlechtern. Niemand wäre auf den Gedanken gekommen, die Frau hinter den Pflug zu stellen und den Mann „an's Spinnrad" zu setzen.

Doch die Tätigkeit im bäuerlichen Bereich war weit vielseitiger, als es diese Zweiteilung nahelegt: "So gab es in der (bäuerlichen) Wirtschaft, Hausschlachtung und Bäckerei, eigenes Spinnen und Weben von Flachs und Wolle, Bürsten- und Besenbinden ..".[34] Die Vielfalt der Aufgaben ermöglichte eine differenzierte und flexible Arbeitseinteilung zwischen den Geschlechtern. "Überhaupt konnte sich aufgrund der ökonomisch bedingten Mannigfaltigkeit der bäuerlichen Tätigkeit ein System der Arbeitsrollen von Mann und Frau herauskristallisieren, das fein abgestimmt war auf die gesamte soziale Lebensordnung und insbesondere auf die Grundbedürfnisse des Familienlebens."[35] Das Graben des Bauern und das Spinnen der Hausfrau stehen in dem Sprichwort also nur stellvertretend für eine bunte Vielfalt an Tätigkeiten, die jeweils geschlechtsspezifisch dem Mann bzw. der Frau zugeteilt waren.

Wir hatten auf die Forschungsergebnisse der vergleichenden Völkerkunde hingewiesen und auf die Einsicht; dass verschiedene Kulturen den Geschlechtern sehr unterschiedliche Funktionen zuweisen. Bei einem Kulturvergleich muss die Entwicklungsstufe einer Hochkultur als Sonderfall berücksichtigt werden. Wenn das geschieht, wird deutlich, dass die europäischen und asiatischen Hochkulturen im Unterschied zu weniger weit entwickelten Eingeborenenkulturen übereinstimmend dadurch gekennzeichnet sind, dass sie die Feldarbeit überwiegend oder ausschließlich den Männern übertrugen.

Die bäuerliche Hauswirtschaft erforderte dabei eine solche Vielfalt von Kunstfertigkeiten bei der Herstellung von Textilien, Nahrungsmitteln, Getränken, Seifen, Kerzen usw., dass die Bedeutsamkeit dieser Aufgaben ganz außer Zweifel stand. Diese von den Frauen übernommenen Arbeiten waren keinesfalls weniger wichtig als die Männerar-

---

[34] Carl Jantke, Der vierte Stand, Freiburg 1955, S. 139.
[35] Henning Dunckelmann a.a.O., S. 21.

beiten. Die Zuständigkeiten von Mann und Frau waren "damals durchaus gleichgewichtig einander zugeordnet".[36]

Die Anliegen der Güterproduktion sind freilich nur ein Gesichtspunkt bei der Erklärung der traditionellen Arbeitsteilung zwischen den Geschlechtern. Daneben stand mit mindestens der gleichen Bedeutung als zweites die Aufgabe der Betreuung des Nachwuchses. Die vorindustriellen Verhältnisse waren weit davon entfernt, etwa die Produktionsarbeit ganz dem Mann und die Kinderbetreuung ganz der Frau und Mutter zu übertragen.

Die Frau war maßgebend an der Gütererzeugung beteiligt, und zugleich widmete sich der Mann der Erziehung der Kinder, sobald sie aus dem Kleinkindalter herausgewachsen waren. Dabei blieb es nicht dem Zufall überlassen, welche Form der Arbeitsteilung sich zwischen den Geschlechtern einstellte. Denn Schwangerschaft, Geburt und Säuglingspflege während der ersten 1 1/2 bis 2 Lebensjahre erforderten die Unterbrechbarkeit der Produktionstätigkeit der Frau. Darum konnten ihr nur solche Produktionsaufgaben übertragen werden, die eine Unterbrechbarkeit vertrugen. Ein weiteres selbstverständliches Kriterium der Arbeitsteilung zwischen den Geschlechtern war das erforderliche Maß an körperlichem Kraftaufwand.

In den traditionellen vorindustriellen Gesellschaften bestand gar kein Anlass und auch keine Möglichkeit dazu, dass jede Generation die Aufteilung der Zuständigkeiten auf die Geschlechter neu vornahm. Abgesehen von dem Aufwand an körperlichen Kräften ging es ja bei der Bewältigung der Alltagsarbeit vor allem um Geschick, Erfahrung und Kunstfertigkeit, also um einen Fundus des Wissens und Könnens,

---

[36] Ebd., S. 22.

der innerhalb der Geschlechtsgruppen tradiert wurde: d.h., die jungen Frauen lernten von den älteren Frauen und die jüngeren Männer lernten von den älteren Männern. So wurde mit der Einführung in die Geschlechtsrolle zugleich das für diese Rolle typische Wissen und Können vermittelt und die Formen der Arbeitsteilung als Tradition verfestigt.

Für die Verhältnisse im Handwerkshaushalt galt vor der Industrialisierung nichts wesentlich Anderes als im bäuerlichen Haushalt. Für den Mann trat an die Stelle von Feldarbeit und Großtierhaltung die handwerkliche Arbeit. Doch die Arbeiten der Frau waren kaum andere als auf dem Lande, zumal bis zum Beginn des 19. Jahrhunderts der städtische Handwerkshaushalt Gartenbau und Kleintierhaltung einschloss.

Festzuhalten bleibt demnach, dass die Arbeitsteilung zwischen den Geschlechtern bis zum Beginn der Industrialisierung zur Lösung der Grundprobleme 'wirtschaftliche Versorgung' und 'Sozialisation des Nachwuchses' und dabei insbesondere bei der Berücksichtigung des Erfordernisses der Unterbrechbarkeit weiblicher Tätigkeit dem Anliegen der Versorgung des Nachwuchses untergeordnet war, obwohl freilich nur ein Teil der erwachsenen Bevölkerung zur physischen Elternschaft in der Ehe zugelassen wurde.

Die vorindustriellen Gesellschaften haben niemals einem so großen Anteil an ihrer Bevölkerung die Eheschließung und damit die Ausübung der Rollen von Vater und Mutter erlaubt, wie das die Industriegesellschaften tun. Doch gerade eine solche Beschränkung des Zugangs sicherte den Rollen von Vater und Mutter im Bewusstsein der Bevölkerung ein hohes Maß an Prestige und Verbindlichkeit. Sie dienten eben daher als Modellrollen für Männlichkeit und Fraulichkeit auch außerhalb der Familie, z.B. bei dem Landesvater an der

Spitze des Staats oder bei der ehrwürdigen Mutter, die ein Nonnenkloster leitete.

Die traditionellen Erwartungen an die Rollen von Mann und Frau waren eben in der vorindustriellen Kultur und Gesellschaft an Vaterschaft und Mutterschaft orientiert und ausgerichtet auf die Lösung der beiden genannten Grundprobleme 'Wirtschaftliche Versorgung' und 'Sozialisation der Kinder' in der Familie.

IV.

Die Frage nach dem Ursprung der traditionellen Rollen von Mann und Frau kann nicht nur, wie bisher, historisch sondern auch, wie im Folgenden, sozialisationstheoretisch beantwortet werden: der Mensch bringt hilflose Kinder zur Welt. Die Hilflosigkeit dauert solange, dass weitere Geburten erfolgen können, bevor das erstgeborene Kind zur Unabhängigkeit herangewachsen ist. Für eine auf sich allein gestellte, mit der Sozialisation einer größeren Zahl unterschiedlich alter Kinder beschäftigte Mutter ist es sehr schwierig, eine optimale Erziehungssituation herzustellen.

In der Schaffung einer solchen Erziehungssituation "scheint die eigentliche Bedeutung der Kernfamilie - und möglicherweise der geschlechtsspezifischen Rollendifferenzierung - zu liegen".[37] Die Rollen von Mann und Frau müssen so ausgestaltet sein, dass in der Sozialisation im Umgang der Kinder mit ihren Eltern die für die Kontinuität der Kultur bedrohlichen Impulse der Sexualität und der aus dieser oder anderen Quellen gespeiste Aggressionsneigung in Übereinstimmung mit der jeweiligen Kultur bewältigt werden können.

---

[37] Brigitte Neuendorff-Bub, Geschlechtliche Identität und Strukturierung der Person-Umwelt-Interaktion, Dissertationsmanuskript, Starnberg, Januar 1975, S. 184.

Dazu ist es aber notwendig, dass der Vater von einem bestimmten Punkt der Entwicklung an in die Mutter-Kind-Beziehung eindringt. Er führt so einen Wandel der Gefühlseinstellungen beim Kind herbei und verhilft dem älter werdenden Kind dazu, schrittweise Emotionalität und Aggressionsneigung durch Anerkennung der Autorität zu ersetzen.

Das Thema der Versöhnung von Sinnlichkeit und Disziplin ist in der dramatischen Kunst oft behandelt worden. Es steht in Verbindung mit dem Gegensatz zwischen Mütterlichkeit und Väterlichkeit der z.B. der Handlung der Oper *Die Zauberflöte* zugrunde liegt. Die Königin der Nacht, deren Neigung zur Hysterie von Mozart in der Musik dieser Oper zu faszinierenden Koloraturpassagen gestaltet wurde, macht sowohl Pamina als auch Tamino zu Werkzeugen ihrer leidenschaftlichen Emotionen. Die Vaterfigur des Sarastro lässt sich in keine unkontrollierte Emotionalität hineinprovozieren, kennt keine Rache, sondern führt mit Ruhe und Vernunft die jungen Menschen Pamina und Tamino in die Rolle der selbständigen Erwachsenen ein.

Obwohl sich im Laufe der Kulturgeschichte der Menschheit die Form väterlicher Autorität gewandelt hat, bleibt doch das in der Zauberflöte dargestellte Prinzip erhalten: mit dem Abbau der patriarchalischen Autoritätsstruktur wird auch die Vaterfunktion in gewandelter Form dargestellt. Sie steht im Zeichen der "affektiven Solidarität" zwischen den Ehegatten, die affektiv-solidarische Ehebeziehung hindert die Mutter, die Symbiose über das temporär notwendige Maß hinaus fortzusetzen. Sie leitet die Aufgabe der Symbiose ein, indem sie dem Kind den Vater als ein von ihr geschätztes Liebesobjekt vermittelt und so die Aggressionen mildert, die mit dem Eindringen des Vaters in die Symbiose beim Kind auf diesen und dann gegen das eigene Selbst gerichtet werden.... Die Mutter bleibt weiterhin die primäre Quelle von Fürsorge und Liebe, während der Vater die Versagungen und Anforderungen der Außenwelt verkörpert. D.h. nicht unbedingt, dass der Vater das Kind häufiger als die Mutter fordert und bestraft, vielmehr wird er vom Kind als die Instanz der Disziplinierung wahrgenommen.[38]

Eine deutlich unterschiedliche Ausgestaltung der Rollen von Mann und Frau ist also für das Funktionieren des Sozialisationsprozesses auch unter den gewandelten Bedingungen erforderlich, die mit dem Hinweis auf 'affektive Solidarität' zwischen den Ehegatten angedeutet werden. Entscheidend ist in jedem Fall die Art, wie die Mutter den Vater gegenüber ihren Kindern darstellt. Will sie bei dem Kind den Wunsch ermutigen und ihn stärken, sich mit dem Vater zu identifizieren, so muss sie ihn als den Überlegeneren gelten lassen. Das kann die Mutter erfolgreich freilich nur dann tun, wenn sie selbst von der Überlegenheit ihres Ehemannes überzeugt ist, seine Entscheidungen in bestimmten Bereichen billigt und seine Führung in der Familie akzeptiert.

Kann sie von der Richtigkeit einer solchen Haltung weder sich selbst noch ihre Kinder überzeugen, dann unterbleibt bei einem Sohn die Identifizierung und bei einer Tochter der Wunsch nach Identifizierung mit dem Vater. Damit unterbleibt aber nach den schon dargelegten Thesen die notwendige emotionale Ablösung des Kindes von der Mutter. Jungen, die sich anstatt mit ihrem Vater mit ihrer Mutter identifizieren, weil sie sie als die Überlegenere erleben, werden Männer eines anderen, sinnlichen, gefühlsbetonten, weichen, aber auch aggressiven Typs. Mädchen, die bei ihrer Mutter nicht gelernt haben, ihren Vater als überlegen

---

zu betrachten, werden als erwachsene Frauen oft nicht bereit sein, irgendeinen Mann als überlegen zu betrachten.

Hier wird die große Bedeutung der Ehequalität für die Sozialisation sichtbar. Die Mutter wird den Vater als gut, groß und überlegen darstellen können, wenn er die Männerrolle so ausfüllt, wie es den Erwartungen der Mutter entspricht, wenn er also die ökonomische Versorgung der Familie leistet und außerdem die emotionalen Bedürfnisse der Mutter als Ehefrau erfüllt.

Die ökonomische Versorgung kann er umso erfolgreicher garantieren, je ausdrücklicher die Mutter ihn für die Aufrechterhaltung der traditionellen Arbeitsteilung zwischen Mann und Frau im Bereich von Haushalt und Kindererziehung in ausreichendem Maße freistellt. Dadurch wird ihm die Übernahme einer Berufsrolle in der außerfamilialen Gesellschaft ermöglicht, an die seine innerfamiliale Autorität anknüpfen kann.

Auffällig ist bei alledem, dass diese Überlegungen zur Funktionalität der Geschlechtsrollendifferenzierung im Umkreis der Sozialisation des Nachwuchses an den Rollen von Vater und Mutter orientiert sind. Es ist nun aber fraglich, inwieweit das als generelle Handlungsorientierung in der Gegenwart noch trägt, zumal bei jenen erwachsenen Mitgliedern der Industriegesellschaften, die eine Männer- bzw. Frauenrolle spielen wollen, ohne Väter bzw. Mütter werden zu wollen oder zu können.

V.

Die inhaltliche Ausgestaltung der Rollen von Mann und Frau konnte von der Industrialisierung aus verschiedenen Gründen ausschließlich an den Erfordernissen der Zeugung und Erziehung des Nachwuchses ausgerichtet sein. Die hohen

Sterblichkeitsraten nicht nur bei Säuglingen, sondern allgemein die kurze Lebenserwartung machte das Anliegen der Erhaltung der Art zu einem wichtigen Thema. Im Bereich der Sozialisation bestand nur die Aufgabe der Einführung des jungen Menschen in die Erwachsenenrolle. Dass er aus der einmal erreichten Erwachsenenrolle im Laufe seines späten Lebens wieder herausfallen könnte, galt als unwahrscheinlich und wurde, falls es sich dennoch ereignete, als schwere persönliche Schuld des Betroffenen gedeutet und entsprechend rigoros bestraft.

Typisch für die Industriegesellschaft ist dagegen das Problem, die personale Identität des Erwachsenen zu sichern, ihn psychisch zu stabilisieren und dadurch zu verhindern, dass er aus der sozialen Rolle, in die er mehr oder weniger mühevoll hineinsozialisiert wurde, wieder herausfällt. Weit davon entfernt, das Nachwuchsproblem gelöst zu haben, das die vorindustriellen Verhältnisse beherrschte - wir haben in Deutschland nicht nur qualitative Sorgen mit der Erziehung des Nachwuchses, sondern, da die Bevölkerungszahl seit einigen Jahren rückläufig ist, auch wieder quantitative - trägt die Industriegesellschaft ein neu erworbenes Problem mit sich herum. Sie muss darum ringen, möglichst viele Erwachsene vor dem Verlust der personalen Identität, vor der Unfähigkeit, sinnvolle und stabile soziale Beziehungen zu unterhalten, vor der Flucht in Rauschmittel, vor politischem Radikalismus und vor der Notwendigkeit der Einweisung in eine psychiatrische Anstalt zu bewahren.

Dieses neue und ernste Grundproblem der 'Sicherung der personalen Identität' tritt also als drittes neben den beiden schon besprochenen der 'wirtschaftlichen Versorgung' und der 'Sozialisation des Nachwuchses'. Das dritte Grundproblem entsteht als Folge der Trennung von Familie und Arbeitsplatz, die für die große Mehrzahl der berufstätigen

Männer seit der Industrialisierung wirksam wird. Die Industriegesellschaft gebiert als neue Institution den Betrieb, auf den eine Reihe von Funktionen übergeht, die vormals bei der Familie lagen. So wandern Männer und auch Frauen bei ihrer Produktionsarbeit aus der Familie in den Betrieb.

Dabei darf nicht übersehen werden, dass es bis in unsere Gegenwart hinein in weiten Bereichen unserer Gesellschaft eine ununterbrochene Tradition von Berufen gibt, für die die Industrialisierung nicht die Trennung zwischen Familie und Arbeitsplatz gebracht hat. Das gilt nicht nur für die Landwirtschaft, sondern auch für weite Bereiche des Handwerks und des Einzelhandels. Es kann auch für alte akademische Berufe gelten, nur den frei praktizierenden Arzt und Rechtsanwalt und für den evangelischen Pfarrer. Die soziologische Erforschung der Familie der Gegenwart und des Wandels der sozialen Rolle von Mann und Frau muss auf diese Unterschiede Rücksicht nehmen. Hier soll vor allem von den Familien die Rede sein, für die durch die Industrialisierung die Trennung von Arbeitsplatz und Familienwohnung eingetreten ist.

In der Frühphase der Industrialisierung sind die Arbeitsbedingungen in den Fabriken für Männer wie für Frauen gleichermaßen unerfreulich gewesen. Jedoch mit fortschreitender Entwicklung in der industriellen Wirtschaft "stellen sich der Frau zunehmend Berufsaufgaben, die besondere Fingerfertigkeit und Geschicklichkeit verlangen, (z.B. in hochspezialisierten Fabriktätigkeiten) und die dazu häufig auch in einem gepflegten, beinahe häuslichen Milieu (z.B. Büro oder Laboratorium) aufgeführt werden können, so dass diese dem traditionellen Gebaren der Frau relativ gut entsprechen und nicht selten ihr persönliches Interesse wecken. Mit dieser Tätigkeit vermag sie sich innerlich eher zu identifizieren als mit der groben und stupiden ungelernten

Fabrikarbeit der frühindustriellen Zeit, so dass ihre berufliche Rolle für sie vielfach den Charakter der bloßen Zumutung verliert und bereitwillig voll akzeptiert wird".[39]

So ist der Betrieb für Männer und Frauen zur Stätte des Produzierens geworden. Das Zusammenwirken bei der arbeitsteiligen Güterproduktion ordnet beide Geschlechter nicht mehr in ihrer jeweiligen Familie einander zu, sondern macht sie zu Mitgliedern eines Betriebes. Das geschieht in einigen Berufen sogar unabhängig davon, welche Geschlechtsidentität sie haben. Die Berufstätigkeit trägt dann nicht mehr dazu bei, die Identität der Person als Mann bzw. als Frau zu stützen, es sei denn der Beruf ist wie z.B. der einer Sekretärin oder Krankenschwester als typischer Frauenberuf im öffentlichen Bewusstsein anerkannt.

Je mehr aber die sozialpolitische Tendenz dahin geht, bei der Zuteilung von beruflicher Tätigkeit in der Wirtschaft die Geschlechtszugehörigkeit des Arbeitnehmers als irrelevant zu ignorieren, und das noch dazu als sozialen Fortschritt zu begrüßen, desto geringer wird die Möglichkeit für den einzelnen Menschen sein, in der Berufswelt seine geschlechtliche Identität als Mann oder als Frau abzustützen.

Andererseits gilt im Privatbereich für die Familie, dass dort der soziale Zusammenhalt nicht mehr durch sachlich funktionale Kooperation bei wirtschaftlicher Arbeit stabilisiert wird, sondern dass er überwiegend oder ausschließlich auf dem Gefühl emotionaler Nähe und Geborgenheit beruhen muss. Dieses Gefühl kann wiederum im Betrieb normalerweise nicht befriedigt werden, weil dort nicht die Person, sondern die Funktion zum Organisationsprinzip erhoben werden muss und weil deshalb der einzelne als Inhaber

---

[39] Henning Dunckelmann, a.a.O., S. 10.

seines Arbeitsplatzes ersetzbar ist. So zerfällt in der Industriegesellschaft die Erlebniswelt des Menschen in zwei Sektoren: den der Öffentlichkeit mit Betrieb, Straßenverkehr und Politik auf der einen Seite und den der Privatheit mit Familie, Freundeskreis, Stammtisch, Kaffeekränzchen und Skatrunde auf der anderen Seite. In der Öffentlichkeit ist der einzelne als Träger einer bestimmten Fähigkeit, die andere auch haben, ersetzbar.

Der Grad der Ersetzbarkeit hängt freilich von der hierarchischen Status ab, den er in einer Großorganisation erreicht hat. Auf keinen Fall darf aber die Sonderstellung der wenigen führenden Erwerbstätigen verallgemeinert werden. Für die große Mehrzahl der berufstätigen Menschen ist die Ersetzbarkeit eine Tatsache, deren sie sich bewusst sind. Der einzelne ist jedenfalls in der betreffenden Teilrolle als Träger dieser spezifischen Fähigkeit angesprochen und nicht als ganze Person. Darum kann er Zweifel an einer personalen Einzigartigkeit als Mensch normalerweise nicht im Berufsleben beseitigen.

Das gilt auch und gerade für die Frau, die aufgrund solcher Zweifel sich zur Aufnahme einer ganztägigen Berufstätigkeit entschließt. In der Privatheit des Freundeskreises und der Familie ist hingegen normalerweise die ganze Person angesprochen. Hier erlebt sich der Mensch in seiner Einzigartigkeit als unersetzbar, und darum kann hier die Sicherung der personalen Identität geleistet werden.

VI.

Um die Dynamik des Miteinanders von Mann und Frau in Ehe und Familie genauer beurteilen zu können, müssen wir im Einzelnen berücksichtigen, wie der Privatbereich des Menschen in der Industriegesellschaft jeweils ausgestattet ist. Dabei zeigen sich bedeutsame Unterschiede. Eine kulturanthropologische Untersuchung von Sonya Salamon[40] hat im Vergleich zwischen Japan und der BRD ergeben, dass Hausfrauen der oberen Mittelschicht in Japan regelmäßig ihr Leben lang enge Bindungen an gleichaltrige Frauen unterhalten, mit denen sie seit ihrer Kindheit und Jugend befreundet sind. Diese Freundinnenkreise haben für die Sicherung der personalen Identität offenbar große Bedeutung. Dort bestätigen Frauen einander ihr Frausein. Die gleiche Untersuchung ergibt dagegen für deutsche Frauen dies: Ehefrauen der oberen Mittelschicht haben zumeist ihre Bekannten nur durch Ehemänner kennengelernt und vielfach erwarten die Ehemänner ausdrücklich, dass die Frauen Bindungen an alte Freundinnen aufgeben, um ganz für den Bekanntenkreis ihrer Ehepartner zur Verfügung zu stehen.

Wir müssen demnach die Art der Ausgestaltung des Privatbereichs danach unterscheiden, ob für den Mann wie für die Frau außerhalb von Ehe und Familie noch andere soziale Gruppen bestehen, in denen der einzelne als ganze Person Mitglied ist, in denen er seine Unersetzbarkeit erlebt, in denen er in seiner Identität als Mann bzw. als Frau gestützt und in denen insgesamt seine persönliche Einzigartigkeit auch emotional bestätigt wird einerseits, oder ob andererseits womöglich außerhalb der Ehe keinerlei

---

[40] Sonya Salamon, The Varied Groups of Japanese and German Housewives, in: The Japan Interpreter 1975/76, S. 151-170.

vergleichbare Privatkontakte unterhalten werden. Für die Beurteilung der Angleichung der Rollen von Mann und Frau ist diese Unterscheidung der Ausgestaltung des Privatbereichs von großer Bedeutung.

Bei Eheleuten, für die sich der Privatbereich auf Ehe reduziert hat, ist offenbar die emotionale Stabilisierung nicht mehr arbeitsteilig möglich, d.h., es geht nicht an, dass immer nur einer der beiden Partner sich in den Armen des anderen ausweint, um sich Trost und Ermutigung zu holen, während der andere in keiner personalen Begegnung eine Kraftquelle finden kann. Um zu vermeiden, dass eines Tages einer der beiden Partner ausgebrannt und emotional erschöpft aufgibt, muss offenbar regelmäßig gewechselt werden, d.h. die Rollen müssen in ihrer inhaltlichen Ausgestaltung vertauschbar und darum immer ähnlicher werden.

Beide weinen sich dann abwechselnd beieinander aus und beide trösten einander, geben einander Kraft und erklären einander welch einmalige und hervorragende Persönlichkeiten sie sind. Das kann freilich nicht geschehen, wenn ein Partner als der grundsätzlich Überlegene gelten muss. Mit der Reduzierung des Privatbereichs auf Ehe und mit der Zunahme des Problems der Sicherung der personalen Identität als Aufgabe der Ehe muss deshalb der Druck in Richtung auf eine Angleichung der Rolle von Mann und Frau zunehmen. Je stärker dagegen beide Ehepartner Privatkontakte insbesondere zu gleichaltrigen Freunden des gleichen Geschlechts neben der Ehe unterhalten, desto weniger lastet das Problem der Identitätssicherung auf der Ehe allein und desto unterschiedlicher können die Rollen der Geschlechter im Sinne einer arbeitsteiligen Ausprägung sein.

Ein Rückblick auf die bisher skizzierten Überlegungen ergibt das folgende Bild:

1. Die wirtschaftliche Versorgung mehrerer Kinder erfordert die Arbeitsteilung zwischen Mann und Frau und die Einbeziehung des Mannes als Vater in die Familie.

2. Die Sozialisation der Kinder macht die Aufhebung der ursprünglichen symbiotischen Phase zwischen Mutter und Kind notwendig. Diese Aufhebung erfolgt durch das Dazutreten des Vaters als Repräsentant von Autorität und Disziplin.

3. Die Industrialisierung führt zur Gegenüberstellung von Öffentlichkeit und Privatbereich und damit zu dem Erlebnis der Ersetzbarkeit in der Öffentlichkeit und dem Bedürfnis nach Sicherung der personalen Identität und dem Erlebnis der Unersetzbarkeit im Privatbereich.

4. Wenn sich der Privatbereich auf Ehe oder Ehe mit wenigen Kindern reduziert, kann die Sicherung der personalen Identität nur dort erfolgen. Das setzt eine weitgehende Angleichung der Rollen von Mann und Frau voraus, weil nur so emotionale Reziprozität erreicht werden kann.

5. Angleichung der Rollen von Mann und Frau in der Ehe erleichtert die Sicherung der personalen Identität und erschwert die Sozialisation von Kindern. Je mehr sich der Privatbereich auf Ehe reduziert, desto mehr *tendieren Ehe und Elternschaft dazu, Alternativen zu werden.*

Wenn der in diesen fünf Schritten zusammengefasste Gedankengang richtig ist, führt er zu der beunruhigenden Erkenntnis, dass die Angleichung der Rollen von Mann und Frau zugleich für die Erhaltung der Ehe nützlich und für die Entwicklung der Kinder schädlich sein kann. Wenn Ehe und Elternschaft sich als Alternativen darstellen, wenn also entweder die Ehe oder die Kindererziehung erfolgreich verläuft, so ist das ein unter sozialpolitischen Aspekten sehr beunruhigendes Denkresultat.

VII.

Wir wissen nicht, wie die zukünftige Entwicklung aussehen wird. Sie könnte jedoch einen der beiden folgenden Wege nehmen:

1. Entweder kommt es zu einer Polarisierung in zwei verschiedene Ehetypen:

a) einen partnerschaftlichen Ehetyp mit weitgehender Angleichung der Rollen von Mann und Frau und der Tendenz von Kinderlosigkeit und

b) einen konservativen Typ mit traditioneller Geschlechtsrollendifferenzierung und drei oder mehr Kindern.

2. Oder es kommt zu einer generellen Neugestaltung der Geschlechtsrollendifferenzierung derart, dass sich die Ehefrau auf die Doppelrolle der Identitätssicherung für den Ehemann und Mutter für die Kinder bewusst vorbereitet. Voraussetzung dafür wäre dann aber ihre Mitgliedschaft in intensiven Privatgruppen, denen sie außerhalb von Ehe und Familie angehört.

Für die erste Alternative einer Polarisierung spricht die Beobachtung, dass viele junge Menschen das Problem der Sicherung personaler Identität in Partnerschaften erfolgreich lösen, indem sie unter weitgehender Angleichung der Geschlechtsrollen, ohne die Kirche oder auch nur das Standesamt zu bemühen, paarweise zusammenwohnen. Für die zweite Alternative spricht die Neigung und Fähigkeit vieler verheirateter Frauen, eine bewusste und intensive Ausweitung der Familienbeziehungen auf Eltern und Schwiegereltern, enge Freundeskreise aus Angehörigen des gleichen

Geschlechts und andere Personalkontakte zu betreiben, um so die Sicherung der personalen Identität als Frau auch bei der traditionell unterschiedlichen Ausgestaltung der Geschlechtsrollen zu ermöglichen und dabei zugleich eine erfolgreiche Bewältigung der Rollen von Ehefrau und Mutter zu erreichen.

Für die Vermutung, dass sich in Ehen mit traditioneller Geschlechtsrollenunterscheidung die Zahl der Kinder wieder erholen wird, spricht folgende Beobachtung: wo die zahlreichen und komplizierten sozialen Vorkehrungen für erfolgreiche Kindererziehung (Differenzierung der Geschlechtsrollen, Aufbau intensiver Sozialkontakte im Privatbereich außerhalb der Ehe etc.) einmal getroffen wurde und eine Mutter für die Wahrnehmung dieser Aufgaben "hauptamtlich" bereitsteht, lohnt sich bei nur einem oder zwei kurz nacheinander geborenen Kindern der Aufwand nicht. Das Kind oder die Kinder werden verhältnismäßig bald selbständig und die Mutter gerät in die Versuchung, entweder die Ablösung der Kinder hinauszuzögern oder gar, nachdem die Kinder selbständig geworden sind, ihre Ehe nach dem Modell einer Mutter-Sohn-Beziehung umzugestalten.

Viele Frauen versuchen Probleme, die sich in ihrer Ehe oder in ihrer Familie ergeben, dadurch auszuweichen, dass sie eine Berufstätigkeit außerhalb des Hauses ausüben. Mit der Ausnahme intellektueller oder künstlerischer Berufe erlebt aber die Frau normalerweise am Arbeitsplatz, zumal als Neuling im Betrieb, dass sie dort nicht als Person, sondern als Trägerin einer Funktion dem Betriebsgeschehen eingeordnet wird. Zwar wird sie bei einiger sozialer Gewandtheit das in der industriegesellschaftlichen Öffentlichkeit normale Distanzgebaren bald erlernen, aber eine Lösung ihrer Identitätsprobleme kann sie durch die Aufnahme einer Berufstätigkeit normalerweise nicht erwarten.

Auch für die Identitätssicherung ihres Ehemannes ist die Aufnahme einer Berufstätigkeit durch die Frau von sehr fraglichen Wert. Als Stabilisatorin "für den berufstätigen Mann kann sie nur schwer fungieren, wenn sie qua eigener Berufskarriere den gesellschaftlichen Statuswettbewerb in die Familie hineinträgt".[41] Um die Doppelrolle der Identitätssicherung für den Ehemann und der Mutter für die Kinder erfolgreich spielen zu können, braucht die Frau zwar eine Reihe intensiver Sozialkontakte außerhalb ihrer Ehe und Familie, nur findet sie die normalerweise gerade nicht am Arbeitsplatz.

Die neue Form der Arbeitsteilung zwischen den Geschlechtern würde dem Mann den Aufbau von Sozialkontakten in der Öffentlichkeit (Beruf oder Politik) und der Frau den Aufbau von Sozialkontakten im Privatbereich (Familie, Freundeskreis usw.) übertragen. Dann könnte er die Sicherung der personalen Identität überwiegend in der Ehe finden, sie dagegen überwiegend im außerfamilialen Privatbereich. Die Unterschiede der Rollen zwischen Mann und Frau wären groß und sichtbar genug, um auch die erfolgreiche Sozialisation von Kindern zu ermöglichen. Die öffentliche Meinung müsste in ihrer Wertschätzung die Rollen von Mann und Frau verschiedenartig aber als gleichwertig anerkennen.

Unbefriedigend bleibt auch hier die zu einseitige Bestimmung der Geschlechtsrollen an Ehe und Elternschaft. Vorindustrielle Gesellschaften haben ehelosen Lebensformen hohen sozialen Status verliehen. Dagegen ist in den Industriegesellschaften die Tendenz zu beobachten, Ehe als einzig legitime Form der Institutionalisierung des Intimbereichs zu betrachten. Solange aber neben der Ehe keine alternativen Formen privater sozialer Existenz anerkannt

---

[41] Brigitte Neuendorff-Bub, a.a.O., S. 215.

werden, die mit annähernd gleichem sozialen Status ausgestattet sind, schwindet für den Einzelnen die Möglichkeit,
sich in Freiheit für oder gegen Ehe zu entscheiden. Es bleibt
zu hoffen, dass die noch jungen Industriegesellschaften im
Laufe der Zeit zu einer sozialen Definition der Geschlechtsrollen finden werden, die sich unabhängig von Ehe und
Elternschaft, Mannsein und Frausein als spezifische Varianten des Menschseins herausstellen.

Zitierte Publikationen:

Jürgen Habermas, Dieter Henrich, Zwei Reden, Frankfurt/M.
1974, 5. 30

Henning Dunckelmann, Die erwerbstätige Frau (Ehefrau)im
Spannungsfeld von Beruf und Konsum, Tübingen 1961, S. 46

Wolfgang Schulz, Theoretische und empirische Analyse der
Frauenrolle - Orientierungshilfe für Pädagogen, in:
Österreichisches Jahrbuch für Soziologie, 1975, S. 16-30

Carl Jantke, Der vierte Stand, Freiburg 1955.

Brigitte Neuendorff-Bub, Geschlechtliche Identität und
Strukturierung der Person-Umwelt-Interaktion, Dissertation als
Manuskript, Starnberg, Januar 1975.

Sonya Salamon, The Varied Groups of Japanese and German
Housewives, in: The Japan Interpreter 1975/76, S. 151-170.

Statistischen Jahrbuch der Bundesrepublik Deutschland.

Familie als Grundmodell für Werte und Wertvermittlung
Vortragsreihe in Salzburg 1979

1. Vorbemerkungen zur Themenstellung

Der Psychoanalytiker und Marxist Wilhelm Reich hat im Jahre 1931 seine Schrift "Einbruch der Sexualmoral" veröffentlicht. Vorher hatte er auf einer Russlandreise beobachtet, wie dort kurz nach der erfolgreichen Revolution von 1917 die Sexualität schrittweise verändert wurde. Er schreibt über seine Eindrücke von dem jungen kommunistischen Russland: "Der Wortlaut der sowjetischen Gesetzgebung verblüfft... durch seine Selbstverständlichkeit und Einfachheit, durch seinen kompletten Gegensatz zur bürgerlichen Sexualgesetzgebung und durch den Mangel an Respekt vor den meisten behüteten 'Errungenschaften der Kultur' und der 'sittlichen Natur' des Menschen. Abtreibung freigegeben, ja legalisiert, staatlich befürsorgte Empfängnisverhütung, sexuelle Aufklärung der Jugend, Abschaffung des Begriffs 'unehelich', praktische Aufhebung der Ehe, Aufhebung der Strafe für Inzest, Beseitigung der Prostitution, wirkliche Gleichstellung der Frau und vieles andere."[42]

Liest man heute diese 1931 veröffentlichten Zeilen eines Bewunderers des Sowjetkommunismus über Vorgänge aus dem Jahr 1917, so fällt es schwer, daran etwas so Außerordentliches zu sehen wie Wilhelm Reich das offenbar tat. Reich war zwar jahrzehntelang völlig vergessen, hat aber in den späten Sechzigerjahren eine bemerkenswerte Renaissance - vor allem in Kreisen emanzipatorisch gesinnter Studierender - erlebt. Die Bedeutung Reichs und seiner Anhänger ist sicher unterschätzt worden. Sie scheint mir darauf zu beruhen, dass von einer gewandelten Theorie und Praxis

---

[42] Wilhelm Reich, Einbruch der Sexualmoral, Raubdruck 1970 (Original 1931), S.5

der Sexualität her ein Wandel des menschlichen Handelns im Umfeld von Ehe und Familie revolutionär erzwungen werden kann.

Eine Revolution im Staat oder auch eine politische Veränderung der Gesellschaft mag die Oberfläche der Kultur berühren, sie im Grunde aber unverletzt erhalten. Die neuere Geschichte hat dafür Beispiele geliefert. Wer aber die Kultur von der Wurzel her revolutionieren will, wer z.B. christlichen Wertvorstellungen wirksam das Fundament entziehen will, der muss seinen Hebel bei Ehe und Familie ansetzen. Diese These soll im Folgenden durch die Beschreibung der Familie als Grundmodell für Werte und Wertvermittlung belegt werden.

Ein Wert ist eine Vorstellung von dem, was als erwünscht gilt. Der Wert ist der Maßstab für das Urteilen und für das Handeln des Menschen. Wer keine Werte kennt, kann nicht werten, d.h. er kann nicht urteilen, und wer nicht urteilen kann, kann nicht handeln. Die Frage "Was ist ein Wert?" soll sich nicht nur auf die Wirkung von Werten, sondern auch auf deren Inhalte beziehen. Inhaltlich verstehen wir unter Wert die Vorstellung von einem zukünftigen Zustand, der sowohl als äußerst erwünscht, als auch als durch gemeinsames Handeln der Menschen herstellbar gedacht wird. Das Handeln hat dann die Aufgabe, diesen im Wertebewusstsein konzipierten Sollenszustand schrittweise herbeizuführen.

Bedauerlicherweise entsteht sehr viel Verworrenheit im Denken dadurch, dass zwischen Wert und Norm nicht unterschieden wird. Während Werte Aussagen über die Ziele des Handelns sind, sind Normen in den Sozialwissenschaften Anweisungen für die Wege, die beschritten werden sollen. Normen haben konkrete Anweisungen an das Handeln des Menschen zum Inhalt. In unserer Gesellschaft besagt z.B.

eine Norm, dass man zum Gruß die rechte und nicht die linke Hand reicht, eine andere, dass man einem entgegenkommenden Verkehrsteilnehmer nach rechts und nicht nach links ausweicht. Normen sind immer Einengungen von Spielräumen, sind Festlegungen auf eine von mehreren Alternativen, mit dem Anspruch, dass die durch die Norm vorgeschriebene Handlungsweise die einzig legitime sei.

Damit rückt das Problem der Legitimation von Normen ins Blickfeld unserer Betrachtung. Aus der Sicht der soziologischen Handlungstheorie erfordern Normen eine Legitimierung für zweierlei Richtung: einmal von der Situation her, in der der Norm entsprechend gehandelt werden soll, sodann von dem Wert her, der als Legitimation der betreffenden Norm herangezogen wird. In dem Maße, in dem Religion in der modernen Gesellschaft ihre sinnstiftende Funktion nicht wahrnimmt, wird es schwierig oder unmöglich, die Unterwerfung unter soziale Normen als sinnhaft und in Freiheit vollzogen zu erwarten. So steigt mit dem Schwinden der Sinnhaftigkeit die Konfliktbereitschaft, da Normen in Abwesenheit eines als gültig anerkannten Wertsystems nicht in Freiheit befolgt werden, sondern ihrer Sinnlosigkeit wegen den Widerstand nahelegen. Andererseits hat eine überzeugende Beantwortung der Sinnfrage durch einen zweifelsfreien Hinweis auf Werte für den einzelnen die Bedeutung, sein von ihm selbst in Freiheit gestaltetes Leben in einen übergreifenden Zusammenhang einzufügen.

Doch bedauerlicherweise ist die politische wie die religiöse Auseinandersetzung um Probleme der Familie überwiegend auf die Ebene des Kampfes um Normen beschränkt geblieben. Wenn aber Normen - sei es in der Form des staatlichen Gesetzes, sei es in der Form des Brauchtums einer Gesellschaft - um ihrer selbst willen angegriffen oder verteidigt werden, dann wird die Frage der Erhaltung, des Wandels oder der Abschaffung einer Norm zu einer Frage der Macht oder des Geschmacks. Wenn hier Normen und Werte sowohl terminologisch scharf voneinander unterschieden als auch sachlich eng miteinander verknüpft werden, so geschieht das in der Absicht, politische und religiöse Auseinandersetzungen um Normen nicht als Fragen der Macht und des Geschmacks, sondern als Fragen des Bekenntnisses zu Werten zu betrachten:

Wenn ich mir vorstelle und wünsche, dass eines Tages in ferner Zukunft alle Menschen wie Soldaten dem Kommando eines einzigen Generals unterstehen, der sie in Weisheit und Entschiedenheit führt, so liegt meiner Vorstellung ein Wert zugrunde, für den offensichtlich das Militär das Grundmodell darstellt. Wenn es dagegen in Schillers Ode an die Freude heißt: "Alle Menschen werden Brüder", dann ist das Grundmodell für diese Wertvorstellung die Familie. Wenn ein Christ sein bedeutsamstes Gebet beginnt mit den Worten "Vater unser im Himmel", so spricht er einen Wert an, zu dem ebenfalls die Familie das Grundmodell darstellt.

Die Familie ist aber Grundmodell nicht nur für Werte, sondern auch für Wertvermittlung. Sie lehrt den Menschen von Kindheit an, mit welchen Mitteln die Vorstellung vom Guten weitergegeben werden soll. Wie sehr Mittel und Zweck einander entsprechen müssen, das hat Martin Luther King in seiner Predigt zum Weihnachtsfest 1967 so gesagt: "... wir werden niemals Frieden in der Welt haben, bevor die Menschen überall anerkennen, dass Mittel und Zwack nicht voneinander zu trennen sind; denn die Mittel verkörpern das Ideal im Werden, das Ziel im Entstehen, und schließlich kann man gute Zwecke nicht durch böse Mittel erreichen, weil die Mittel den Samen und der Zwack den Baum darstellen ... all das will heißen, dass Mittel und Zweck übereinstimmen müssen, weil das Ziel in den .Mitteln bereits vorhanden ist, und destruktive Mittel können keine konstruktiven Ziele herbeiführen ...".[43] (2) Für uns bedeutet dies, dass die Art der Wertvermittlung eine wichtige Vorentscheidung darüber darstellt, welche Werte inhaltlich vermittelt werden können. Ein konsequent unzuverlässiger und liebloser Vater wird Schwierigkeiten haben, seinen Kindern den Wert eines unverbrüchlich treuen und liebevollen Vaters im Himmel zu vermitteln.

2. Die Familie der matristischen Kultur

Als Wilhelm Reich sein schon erwähntes Buch "Einbruch der Sexualmoral" 1931 publizierte, stand er nicht nur unter dem Eindruck der Oktoberrevolution in Sowjetrussland, sondern auch unter dem Eindruck einer kurz vorher in deutscher Übersetzung erschienenen Arbeit von Bronislaw Malinowski mit dem Titel "Das Geschlechtsleben der Wilden in Nordwest-Melanesien"[44] und dem Untertitel "Liebe, Ehe und Familienleben bei den Eingeborenen der Trobriand-Inseln, Britisch-Neu-Guinea". In dieser ohne Jahresangabe 1930 erschienen Veröffentlichung wird die Kultur der Trobriand-Insulaner beschrieben, bei denen Verwandtschaft als Abstammung in mütterlicher Linie definiert ist. Dies bedeutet, dass Personen sich dann als verwandt erleben, wenn eine gemeinsame Mutter, eine gemeinsame Großmutter, eine gemeinsame Urgroßmutter usw. haben. Es ist in der Literatur üblich, solche Kulturen als matrilineare Kulturen zu bezeichnen. Das Wort *matrilinear* besagt, dass Verwandtschaft in mütterlicher Linie bestimmt wird, dass also eine Familie, falls sie einen Stammbaum aufzeichnen wollte, die

---

[43] zitiert nach H. J. Helle, Martin Luther King - König nicht von dieser Welt, in: O. Betz, L. Zinke (Hg.), Aufbruch von links, München 1969, S. 139

[44] B. Malinowski, Das Geschlechtsleben der Wilden in Nordwest-Melanesien, Leipzig und Zürich, ohne Jahr, (Einleitung: London, Januar 1929)

ununterbrochene Linie in der Abfolge von der Tochter zu ihrer jeweiligen Mutter in die Vergangenheit zurückverfolgt.

In der ethnologischen und sozialphilosophischen Literatur der Vergangenheit ist meistens behauptet worden, dass die matrilinearen Kulturen mutterrechtliche Kulturen gewesen seien, und das Wort 'Matriarchat' deutet darauf hin, dass in den Familien die Mütter Inhaberinnen der obersten Anordnungsbefugnisse gewesen seien. Die neuere ethnologische und frühgeschichtliche Forschung ist von dieser Ansicht immer weiter abgerückt. Heute herrscht die Lehre vor, dass die kriegerische Auseinandersetzung mit äußeren Feinden und die politische Führung, wenn man es so nennen will, auch in matrilinearen Kulturen bei den Männern gelegen habe.[45]

Um den Streit um die Rechts- und Herrschaftsverfassung der Familie in solchen Kulturen hier nicht behandeln zu müssen, beschränke ich mich auf die Feststellung, dass es Kulturen gegeben hat und möglicherweise noch gibt, in denen es zur Feststellung der Zugehörigkeit zu einer Verwandtschaftsgruppe darauf ankommt, - aber auch ausreicht - zu wissen, wen man zur Mutter hat. Kulturen, in denen unter diesem Gesichtspunkt Mutterschaft bedeutsamer war als Vaterschaft, bezeichne ich als 'matristische Kulturen'. Offenbar sind die vorgeschichtlichen Frühformen menschlicher Kultur solche 'matristischen Kulturen' gewesen.

Häufig haben Ethnologen die von ihnen erforschten Eingeborenenkulturen als Modelle der Vorgeschichte der Menschheit betrachtet. Erstaunlich ist dabei aber die positive Be-

---

[45] P.C. Lee, Anthropology and Sex Differences, in: Ders. und R. Sussman Stewart (Hg.) Sex Differences, Cultural and Developmental Dimensions New York 1976, S. 154

wertung solcher primitiver Kulturen. Anstatt nämlich froh darüber zu sein, dass die Verhältnisse der heidnischen Frühzeit überwunden sind, haben mehrere Generationen von Autoren und Lesern gemeint, in den Daten der Ethnologen, den Funden der Vorgeschichtsforscher und den Spekulationen der Sozialphilosophen Hinweise auf die reinen Ursprünge menschlicher Kultur zu finden, die Wiederhergestellt werden müssten.

Selbst der engagiert christlich naturrechtlich argumentierende Ethnologe Wilhelm Koppers lässt sich auf diese eigenartige Argumentationsfigur ein, wenn er sich 1939 darum bemüht, traditionelle ethische Positionen dadurch zu rechtfertigen, dass sie ihre Entsprechung am Urzustand von Ehe und Familie gehabt haben.[46] Jedenfalls konnten jahrzehntelang die tatsächlichen oder vermeintlichen Familienverhältnisse der Urmenschen in grauer Vorzeit oder der Eingeborenen in Primitivkulturen zu Grundmodellen auch für solche Werte werden, die als Angriff und Alternative gegen tradierte christliche Werte ins Feld geführt werden. Diese Tendenz hat sich laufend verstärkt und der Hinweis auf die matristische Qualität der Frühkulturen stellt heute eines der Fundamente dar, auf dem die Bewegung für die Emanzipation der Frau und für die Befreiung von sog. sexueller Repression aufruht.

Jedenfalls konnte der jugendliche Intellektuelle westlicher Industrienationen, der sich als Student oder in anderen leistungsbezogenen Tätigkeiten mühevoll um die Erhaltung des traditionellen Gebots menschlicher Enthaltsamkeit bemühte, weil er noch nicht heiraten konnte, bei Bronislaw Malinowski, Margaret Mead u.a. lesen, wie zwanglos sich

---

[46] W. Koppers, Artikel "Ehe und Familie" in: A. Vierkandt (Hg.), Handwörterbuch der Soziologie, Stuttgart 1931, S. 112-122

geschlechtsreife junge Menschen in Eingeborenenkulturen wie denen der Trobriander in den Geschlechtsverkehr einübten und wie wunderbar unproblematisch dort alles schien, was hier so viel Mühe machte. Die häufig bewusst als Gegenmodell gegen die Verhältnisse christlicher Gesellschaften beschriebenen Eingeborenenkulturen wurden so in den Rang einer neuen Paradiesvorstellung erhoben und damit zum Grundmodell für Werte.

In dieser geistigen Situation wurden die Probleme, in die das Handeln des Menschen im Umkreis mit Sexualität, Ehe und Familie in den Industriegesellschaften hineingeriet, nicht in dem weiten Horizont einer Auseinandersetzung um alternative Wertsysteme diskutiert, sondern auf einen engstirnigen Streit um konkrete Normen in Einzelfragen reduziert. Sobald aber die Auseinandersetzung auf einen Streit um Normen eingeengt wird, kann im Wege einer Politik der kleinen Schritte eine Norm nach der anderen der Legitimität entkleidet und suspekt gemacht werden. Selbst konservative Christen wissen vielfach gar nicht mehr, unter Bezugnahme auf welchen Wert sie eigentlich traditionale Normen verteidigen. So bietet im Umkreis von Ehe und Familie die Christenheit ein eindrucksvolles Beispiel für das, was Theoretiker der Frankfurter Schule als "Legitimationsschwäche des Spätkapitalismus" bezeichnet haben.

Doch um zu der Frage nach den Werten selbst vorstoßen zu können, müssen wir uns zunächst genauer anschauen, wie die Familie der matristischen Kultur tatsächlich ausgesehen hat. Wenn Frauenrechtlerinnen darauf hinweisen, dass dort in der Ehe die Frau dominierte und der Ehemann sich ihr durchweg unterordnete, so ist das zwar richtig, aber auch unerträglich einseitig. Die Frau blieb dort nämlich normalerweise im Haushalt ihrer Mutter, auch nachdem sie geheiratet hatte. Sie unterstand damit der Befehlsgewalt entweder des ältesten Bruders ihrer Mutter oder ihres eigenen ältesten Bruders. Zwar beherrschte also nicht der Ehemann seine Ehefrau, wohl aber ein Mann in der Gestalt des Onkels oder Bruders.

Zum Thema der Kindererziehung lesen wir in tendenziös neuartigen Paradiesbeschreibungen der letzten Jahrzehnte, dass bei den matristischen Eingeborenenkulturen und bei unseren eigenen Vorfahren in grauer Vorzeit der leibliche Vater der Kinder keinerlei Disziplinierungsdruck auf sie ausübt, sondern eher nach Art eines älteren Bruders als ihr Spielgefährte auftritt. Tatsache ist, dass die Kulturen, von denen hier die Rede ist - und Malinowski berichtet das ausdrücklich, nur wird es gern unterschlagen - in ihrem Entwicklungsstand so primitiv sind, dass sie die Zusammenhänge von Zeugung und Geburt nicht einmal durchschauen. Wilhelm Reich z.B. hat darauf hingewiesen, dass die Trobriander nicht wussten, durch welches menschliche Tun ein Kind gezeugt wird.

Wenn nach dem Glauben der Eingeborenen der Nachwuchs von dem Geist eines verstorbenen Ahnen der Mutter gezeugt wird - und das meinten die Trobriander - hat der Vater natürlich Schwierigkeiten, schöpferische Aktivität glaubhaft zu machen und Autorität darauf zu gründen. Unter solchen Bedingungen gilt er selbstverständlich nicht als Erzeuger seiner Kinder, sondern nur als Spielgefährte seiner Frau und Kinder. Unterschlagen wird in den tendenziösen Paradiesberichten wiederum, dass der älteste Bruder der Mutter als Onkel seine Neffen und Nichten - und zumal die Neffen - durchaus mit Strenge erzieht.

Kennzeichen einer matristischen Kultur ist es vor allem, dass biologische Vaterschaft dort nicht beachtet wird. Dabei ist diese Nichtbeachtung keineswegs die Folge einer bewussten Entscheidung, sondern die Folge des niedrigen Entwicklungsstandes dieser Kultur, in der die Vorgänge um die Zeugung neuen Lebens nicht bekannt sind. Das hat freilich eine Reihe bedeutender Konsequenzen für die Sexualmoral der matristischen Kulturen. Die sexuelle Begegnung zwischen Mann und Frau wird dort nämlich gar nicht unter dem Gesichtspunkt der Zeugung neuen Lebens gesehen, sondern einzig und allein als besonders intensive und intime Form der Begegnung zwischen Mann und Frau. Von den Trobriandern wird berichtet, dass sie den Kindern mit großer Freizügigkeit sexuelle Spiele gestatten und dass auch während der Adoleszenz den jungen Menschen alles erlaubt wird, wozu sie sich hingezogen fühlen. Junge Leute verlassen vorübergehend das Haus ihrer Mutter, sobald sie einen festen Platz haben, und ziehen in den Dörfern der Trobriander zu zwei oder drei Paaren in eigene Häuser für jung Verliebte. Schließlich führen sie aber in aller Regel eine lebenslängliche und monogame Ehe, indem sie die mütterliche Ehe fortführen. Sie glauben, Kinder entstünden dadurch, dass sie von winzigen Geistern in den Mutterleib hineingelegt würden, und zwar gewöhnlich von den Geistern verstorbener Verwandter der Mutter.[47] Der Ehemann hat dann die Aufgabe, die neugeborenen Kinder zu schützen und liebevoll in seine Arme aufzunehmen, aber er gilt nicht in dem Sinne als ihr Vater, dass er sie gezeugt, geschaffen hätte. Daraus folgt, dass es in der matristischen Kultur den Unterschied zwischen Vater und Pflegevater nicht gibt.

Der Vater ist also mehr ein liebevoller gutmütiger Freund, aber nicht ein Verwandter seiner Kinder. Er ist eher ein Fremder, der soweit er Autorität hat, sie aufgrund seiner

---

[47] B. Malinowski, Sex and Repression in Savage Society, London 1927, S. 8-13 und S. 74-82, nachgedruckt in: P.C. Lee and P. Sussman Stewart (Hg.), a.a.O. S. 163. Vgl. auch: B. Malinowski, The Father in Primitive Psychology, 1927

persönlichen Beziehungen zu seinen Kindern hat, aber nicht aufgrund seiner Stellung in der Sippe. Verwandtschaft im Sinne der Abstammung aus dem einen Körper existiert in der matristischen Kultur nur durch die Mutter. Darum ist die Herrschaft über die Kinder ganz in die Hände des Bruders der Mutter gelegt, der als der nächste männliche Verwandte der Kinder gilt. Da ein striktes Tabu jede Form intimer oder auch nur freundschaftlicher Beziehungen zwischen Bruder und Schwester verbietet, kann der Bruder der Mutter gegenüber, die seine Schwester ist, niemals eine Beziehung von besonderer emotionaler Nähe entwickeln. Sie unterwirft sich seiner Autorität, beugt sich seinen Anordnungen, kann aber niemals eine zärtliche Beziehung zu ihm unterhalten.

Die Kinder sind die unmittelbaren Erben und Nachfolger ihres Onkels. Bei seinem Tode gehen alle seine Besitztümer in das Eigentum seiner Neffen und Nichten über, und während seines Lebens versucht er, alles, was er kann und weiß, auf sie zu übertragen. Er lehrt sie tanzen, singen, führt sie ein in die Mythen und in die Magie des Stammes. Er versorgt seine Schwester und ihren Haushalt mit Nahrungsmitteln, denn der größte Teil seiner landwirtschaftlichen Produktion geht an seine Schwester. Während also in der matristischen Kultur die Kinder in ihrem leiblichen Vater einen liebevollen Spielkameraden sehen, sehen sie in dem Onkel mütterlicherseits das Prinzip der Disziplin und der Autorität innerhalb der matristischen Familie, der der leibliche Vater nicht angehört.[48]

Diese Darstellung der Verhältnisse in matristischen Eingeborenenkulturen, die in den ersten Jahrzehnten dieses Jahrhunderts studiert und beschrieben wurden, ähnelt in

---

[48] B. Malinowski, Sex and Repression in Savage Society, a.a.O., zitiert nach C. Lee und R. Sussman Stewart (Hg.), a.a.O. S. 163

vielem der Frühphase unserer eigenen Kultur. Obwohl die Aussagen über die menschliche Frühgeschichte stark spekulative Elemente enthalten, erscheint es doch als plausibel, dass es mit der Entwicklung der Sprache möglich wurde, wie Karlheinz Messelken schreibt, "jedem Individuum sein Gebornwordensein von einer bestimmten Mutter mitzuteilen. Auf der Grundlage dieses Wissen um die eigene Herkunft veränderten die instinktiven Mutter-Kind-Bindungen ihren Charakter. Das menschliche Kind sah sich dann einer gesellschaftlichen Zuschreibung ausgesetzt, die es in besondere Beziehungen zu seiner Mutter und über sie vermittelt auch zu seinen Geschwistern brachte. Diese Zuschreibung, die die Mutter zur Fürsorge für ihre Kinder und die Kinder zu Gehorsam der Mutter gegenüber verpflichtete, intensivierte zwar zunächst nur die instinktiv ge--regelte Faktizität, aber als reflexiver Mechanismus wirkte sie auch dann noch weiter, als nach dem Erwerb der Selbstversorgungsfähigkeit des Nachwuchses die reinen Instinktbindungen zwischen Mutter und Kindern abklangen. Im Unterschied zu den Tiergesellschaften, wo in dieser Phase die Beziehungen zwischen Mutter und Kindern sowie zwischen den Kindern einer Mutter untereinander jede Besonderheit einbüßen, bleibt den Beziehungen im Kreise der Mutter und Geschwistern nunmehr ein Sonderstatus erhalten."[49]

In dieser Weise kann man sich die Entstehung des Kerns einer Frühform von Familie aus der Mutter-Kinder-Gemeinschaft vorstellen. Das Kerngebilde wird erst in einem zweiten Schritt zur Familie vervollständigt, wenn, "sich der Sexualpartner der Mutter in dem ein ebenfalls reflexiv kulturell begründetes Interesse an Dauerstellung der Sexualbezie-

---

[49] K. Messelken, Inszesttabu und Heiratschancen, Stuttgart 1974, 40 f.

hung mit einer bestimmten Frau erwachte, dem Verband als Führer, Beschützer und Ernährer zur Verfügung stellte."[50] Messelken nennt diesen Vorgang die Familialisierung des Mannes. Sie ist ein charakteristisch menschlicher Vorgang, der kulturell eine späte Errungenschaft darstellt als die Institutionalisierung der Mutter-Kind-Beziehung, und der offenbar daher auch leichter wieder verlorengehen kann.

Wir werden uns bei unseren Überlegungen nicht nur behutsam von einem Schritt menschlicher Kulturentwicklung zum nächsten vorzutasten versuchen, sondern zugleich immer auch den Hinweis Arnold Gehlens auf die Verfallsbereitschaft des Menschen mit bedenken. Keine kulturelle Errungenschaft des Menschen ist unverlierbar. Der Mensch trägt die Tendenz zum Kulturverfall in sich und neigt dazu, die Fortschritte in umgekehrter Reihenfolge wieder rückgängig zu machen, in der sie errungen worden sind.

Aus dieser Sicht war die Institutionalisierung der Bindung der Mutter an ihre leiblichen Kinder über die instinktiv biologische Abhängigkeit hinaus die erste und niedrigste Stufe in Richtung auf die Entwicklung menschlicher Familie. Sie ist bis heute auch die letzte geblieben, die erst verlorengeht, wenn alle höherstehenden Stufen schon verloren gegangen sind. Sie ist gekoppelt an den Wert der Mutterschaft. Die zweite Stufe ist die Familialisierung des Mannes, zunächst jedoch im Kontext der matristischen Kultur, wobei der Mann noch nicht in seiner Eigenschaft als biologischer Erzeuger der Kinder erkannt und gesehen wird. Die Folge davon ist, dass die Familialisierung des Mannes nicht dabei stehenbleibt, ihn als ständigen Sexualpartner der Mutter in die Mutter-Kind-Beziehung einzubinden, sondern dass sich seine Stellung in der Familie radikal dadurch ändert, dass er

---

[50] Ebd., S. 41

als Vater eingesetzt wird. Damit kommt aber die matristische Kultur an ihr Ende.

3. Die Einsetzung des Mannes als Vater

Der Übergang von der matristischen zur patristischen Kultur muss sich unvorstellbar schwierig und problemreich vollzogen haben. Während die matristische Familie als Grundmodell für Werte dazu geführt hatte, dass die Schöpfergottheiten als Quelle allen Lebens große Frauengestalten waren, spiegelt sich nun der Umbau der Familie zum Patrismus hin auch in der Götterwelt wider. "Die Ägypter stellen den Geist der Überschwemmung, Hapi und jede andere, die fruchtbaren Naturkräfte personifizierenden Macht in Gestalt eines üppigen Mannes mit Frauenbrüsten dar. Da man sich zunächst in der Spätzeit darüber wunderte, dass die unbebaute Ackererde männlich war, aber ein weibliches Prinzip, wenn sie sich mit Pflanzen bedeckte, hat der gelehrte Verfasser dieser Kosmogonie Ptha als Hermaphroditen beschrieben, männlich wie das Wasser und weiblich wie die Ackerkrume."[51] die das Wasser in sich aufnimmt um fruchtbar zu werden. Die funktionale Bedeutung des Zeugungsvorgangs war nun bekannt.

Hapi und Ptha sind Beispiele für Personen aus einer Götterwelt im Übergang. Ohne auf Einzelheiten des kulturellen Umbruchs vom Matrismus zum Patrismus hier eingehen zu können, müssen wir uns vorstellen, dass dabei zwei ganz verschiedene Wege beschritten worden sind: einmal der Weg des kontinuierlichen Übergangs, der anscheinend von den Ägyptern, den Griechen, den Römern,

---

[51] Die Schöpfungsmythen, Ägypter, Sumerer, Hurriter, Hethiter, Kanaaniter und Israeliten, mit einem Vorwort von Mircea Eliade, Darmstadt 1977, S. 87

den Germanen und anderen begangen wurde, und zum anderen der Weg der radikalen Gegenbewegung gegen den Matrismus, den die sich auf Abraham zurückführenden Völker der arabischen Welt und des Judentums beschritten haben.

Der Unterschied hing gewiss damit zusammen, dass sich bei den Völkern in der Nachfolge Abrahams ein radikaler Monotheismus durchsetzte, während alle anderen Kulturtypen polytheistisch blieben. Für den Haushalt in der Götterwelt der Griechen auf dem Olymp, den das Götterpaar Zeus und Hera anführte, hat die heidnisch-griechische Familie als Grundmodell gedient. Im vollen Bewusstsein seiner männlichen Potenz schleicht Zeus sich auch zu dieser oder jener sterblichen Frau, um so Halbgötter zu zeugen. Mit schlechtem Gewissen kehrt er dann zu der zürnenden und stets misstrauischen Hera zurück. Ähnliche Verhältnisse herrschten unter den Göttern der Römer, der Germanen und anderer Völker

Dagegen ist der Gott Abrahams der unvergleichliche und ganz andere. Er ist nicht Spiegelung dieses oder Jenes Grundmodells menschlicher Verhältnisse, sondern er offenbart sich als die allmächtige Person, die einen Mann, nämlich Abraham, zum Stammvater eines ganzen Volkes einsetzt und ihm zahllose Nachkommen verheißt. Die Zugehörigkeit zu einem Volk und selbstverständlich die verwandtschaftliche Nähe zu den eigenen Blutsverwandten wird fortan in väterlicher Linie bestimmt. Sippenmitgliedschaft entscheidet sich nicht mehr an der Frage nach der Mutter, sondern seit dieser Neuerung an der Frage nach dem Vater. Damit ist die patristische Kultur etabliert.

Wir hatten gesehen, dass die Einsicht des Menschen in die physiologischen Vorgänge der Zeugung gegeben sein musste, ehe die patristische Kultur sich entwickeln konnte. Damit ändert sich der Stellenwert der Sexualität. Während sie in der matristischen Kultur nur unter dem Aspekt des unmittelbaren Lusterlebnisses für die beteiligten Partner gesehen wurde, gewinnt sie nun zusätzlich oder überwiegend die Bedeutung der Zeugung von Nachwuchs. Der Übergang von der matristischen zur patristischen Verwandtschaftsform brachte jedoch eine weitere erhebliche Problematisierung des Bereichs von Sexualität mit sich. Während unter matristischen Verhältnissen die Verleihung einer Stellung im Sippensystem durch die Feststellung der Mutterschaft gewährleistet war, kam es in der patristischen Kultur auf die Feststellung der Vaterschaft an. Selbstverständlich war in weniger entwickelten Kulturen die Feststellung der Vaterschaft ungleich viel schwieriger als die Feststellung der Mutterschaft. Man brauchte nur dem Geburtsvorgang beizuwohnen, um genau zu wissen, wer die Mutter welchen Kindes war. Um aber Vaterschaft mit letzter Sicherheit feststellen zu können, bedurfte es einer genauen Regelung des Sexualverhaltens insbesondere der Frau. Eine Kultur, zu deren Grundlagen die eindeutige Feststellung der Vaterschaft gehörte, musste daher Sexualität in sehr viel restriktiverer Weise regeln, als dies in einer matristischen Kultur der Fall sein konnte.

Der Gott des Volkes Israel hatte Abraham verheißen, er werde seine Nachkommen sehen. Jeder Mann dieses Volkes, der sich selbstverständlich mit Abraham identifizierte, erwartete bei der Eheschließung ebenfalls, seine eigenen Nachkommen zu sehen und nicht etwa die Nachkommen irgendeines anderen Mannes in seinem Hause aufzuziehen. Schon aus diesem Grunde musste er darauf bestehen, dass er eine Frau in die Ehe führte, die unberührt war. Wie anders hätte er sicher sein können, dass sie nicht schon von einem anderen Manne empfangen hatte. Der Vater der Braut trug die Verantwortung, dafür zu sorgen, dass diesem Bedürfnis Rechnung getragen war. Bei der Eheschließung ging die Braut daher aus der Aufsicht ihres Vaters in die ihres Gatten über.

Nicht nur das Insistieren auf Jungfräulichkeit der Frau vor der Ehe, sondern auch das sechste Gebot diente der eindeutigen Feststellung der Vaterschaft. Ehebruch wurde bei den Juden als Verletzung der Besitzrechte des Mannes gedeutet: Bei außerehelichem Geschlechtsverkehr konnte, wie Schnackenburg schreibt: "der Mann nur eine fremde Ehe, die Frau nur die eigene Ehe brechen. Wenn sich ein Ehemann mit einer ledigen oder geschiedenen Frau einließ, war das nicht Ehebruch; nur wenn er mit der Frau eines anderen verkehrte, brach er die Ehe, nämlich des anderen Ehemannes."[52]

Gebrochen war eine Ehe dann insofern, als sich fortan Vaterschaft nicht mehr eindeutig feststellen ließ. Bei einem etwa zur Welt kommenden Kind konnte der Zweifel nicht ausgeschlossen werden, dass es außerehelich gezeugt worden war. Solange die Ehefrau die Treue hält, kann sie Söhne zur Welt bringen, von denen die Vaterschaft feststeht. Begeht sie jedoch in der vorchristlichen Zeit des Volkes Israels Ehebruch, dann wird die Frage der Vaterschaft bei dem damaligen Stand medizinischer Technologie unlösbar.

Man musste also eine schwangere Frau, bei der nicht feststand von wem sie ein Kind erwartete, vor der Geburt des Kindes steinigen, um zu verhindern, dass ein Sohn geboren würde, dessen Vater unbekannt war.

---

[52] R. Schnackenburg, Die Ehe nach der Weisung Jesu, in: F. Henrich und V. Eid (Hg.), Ehe und Ehescheidung, München 1972, S.15

Dem modernen Mensch, der in der Industriegesellschaft der Gegenwart lebt, fällt es schwer, sich auszumalen, welche große Bedeutung es in vorindustriellen Gesellschaften hatte, dass eine Familie kontinuierlich fortbestand. In der matristischen Kultur war es für den Fortbestand der Familie entscheidend, dass der Mutter eine Tochter geboren wurde, denn in der Abfolge von der Mutter zur Tochter und weiter zur Enkelin setzte sich die matristische Familie durch die Generationen hindurch fort. Der Gott der patristischen Kultur dagegen ist der Gott Abrahams, Isaaks und Jakobs, also dreier Männer, die jeweils in männlicher Linie den Bestand ihrer Familie fortführten. Noch bis in die jüngste Vergangenheit unserer eigenen Kultur klingt die Bedeutung der Fortführung der Familie in männlicher Linie nach in der Freude des Vaters, dem ein 'Stammhalter' geboren wurde.

Die Aufforderung an Abraham, seinen Sohn Isaak zu opfern, und die unerwartete Rettung Isaaks im letzten Moment ist nicht nur ein Lehrstück über den Gehorsam gegenüber dem Schöpfergott, sondern auch eine Geschichte, die die besondere Bedeutung der Beziehung zwischen Vater und Sohn hervorhebt. Solange nämlich Verwandtschaft im strikten Sinne als Blutsverwandtschaft bestimmt war, hatte innerhalb der Familie die Ehe sekundäre Bedeutung gegenüber der Beziehung zwischen Vater und Sohn in der patristischen Kultur, oder zwischen Mutter und Tochter in der matristischen Kultur. Für den Ehemann in der patristischen Kultur ist die Ehefrau bedeutsam insofern, als sie ihm Söhne zur Welt bringt. Die Gattenbeziehung ist in der patristischen Kultur also der Vater-Sohn-Beziehung nachgeordnet. Darum kann sich in dieser Kultur die Ehescheidung auch nur als Entlassung der Frau vollziehen; denn die Familie ist immer dort, wo der Vater ist.

Mit der Entdeckung der Bedeutung des Mannes für die Zeugung von Nachwuchs und mit der Begründung der patristischen Kultur als einer Entwicklungsstufe, die auf die niedriger stehende matristische folgte, ergibt sich im Interesse der eindeutigen Feststellung von Vaterschaft die funktionale Notwendigkeit, folgende Normen einzuführen, die alle gemeinsam vom Wert der Vaterschaft her legitimiert waren:

1. Die Frau musste als unberührte Jungfrau in die Ehe gehen;
2. von der Frau musste in der Ehe absolute Treue gefordert werden;
3. im Falle eines Scheiterns der Ehe konnte sich die Ehescheidung nur in der Form einer Entlassung der Frau vollziehen.
Diese drei Grundsätze mussten in der Kultur durchgesetzt werden, um die Einsetzung des Mannes als Vater zu ermöglichen. Wie schon angedeutet, hat sich die Familie der patristischen Kultur nirgendwo sonst so rein ausgeprägt wie bei den Juden und den Arabern, die sich als Nachfahren Abrahams verstehen. Diese Kulturen sind nicht nur patristisch, sondern auch patriarchalisch. Das bedeutet, dass nicht nur Verwandtschaft als Abfolge in männlicher Linie definiert war, sondern dass auch die Männer in eindeutiger Weise und in allen Bereichen geherrscht haben. Das Ringen um die Vorherrschaft der Werte Mutterschaft oder Vaterschaft spiegelt sich in der Mythologie der Völker und insbesondere in den Schöpfungsmythen wider. Während in den Religionen der matristischen Kulturen eine große Mutterfigur als Quelle allen Lebens geglaubt wird, tritt in den beiden Schöpfungsberichten des Alten Testaments eine Vaterperson als Schöpfer auf. Herbert Unterste schreibt: "wenn in patriarchalischen Religionen auch der männliche Gott als Schöpfer erscheint, so lässt sich aus einer früheren matriar-

chalen Schicht nachweisen, dass es hier die Göttin ist, die als Schöpferin und Töpferin verehrt wird."[53] Während im Alten Testament der Schöpfungsbericht des Jahwisten, der der ältere ist, Gott noch als handwerklichen Schöpfer darstellt, der einen Garten anlegt, einen Brunnen gräbt und aus Lehm wie ein Töpfer oder eine Töpferin Geschöpfe knetet, stellt der spätere Schöpfungsbericht der Priesterschrift den Schöpfergott vergeistigt dar als ein Wesen, das nur noch Befehle auszusprechen braucht, um zu erreichen, dass auf sein Wort hin alles so geschieht, wie Gott es will.[54] Während im matristischen Schöpfungsbericht der Mann aus dem Uterus der Frau hervorgeht, geht im patristischen Schöpfungsbericht die Frau aus der Rippe des Mannes hervor.

Obschon der Schöpfer des Alten Bundes wohl so geglaubt wurde, dass männliche Züge dominierten, sind doch weibliche auch vorhanden. Nach streng monotheistischem Prinzip verkörperte Jahwe das Volk insgesamt, die Vollkommenheit jeder Form der Liebe und jeder menschlichen Seinsform. der männlichen wie der weiblichen. Erst der trinitarische Gottesglaube des Christentums lässt ein differenzierteres Bild der göttlichen Personen zu, und ermöglicht in den Personen des Vaters, des Sohnes und des Geistes konkretere Hinweise auf Familienbeziehungen.

---

[53] H. Unterste, Theologische Aspekte der Tiefenpsychologie von C. G. Jung, Düsseldorf 1977, S. 121
[54] Vgl.: Die Schöpfungsmythen (Anmerkung 50), a.a.O., S. 228

II.

1. Rückschau auf den ersten Teil

Wir hatten die Modelle der matristischen und patristischen Kultur skizziert. Auf der Grundlage der geleisteten Vorarbeit wird nun ein Vergleich dieser beiden kulturellen Konfigurationen unter acht Kriterien ermöglicht.

a) Mutterschaft
In der matristischen Kultur ist Mutterschaft das Ergebnis nur fraulicher Kreativität. In der patristischen Kultur ist Mutterschaft das Ergebnis auch männlicher Potenz. Es gibt sogar Tendenzen, Mutterschaft überwiegend als das Ergebnis männlicher Potenz zu deuten.

b) Vaterschaft
Vaterschaft ist als biologisches Phänomen in der matristischen Kultur unbekannt. Dort sind alle Väter "Pflegeväter". In der patristischen Kultur wird Vaterschaft zum zentralen Wert. Unter dem Gesichtspunkt des Blutsprinzips ist die biologische Abstammung in väterlicher Linie Voraussetzung für die Zugehörigkeit zur Familie, zum Stamm oder gar zum Volk.

c) Sexualität in der Ehe
Eheliche Sexualität hat in der matristischen Kultur nur der Stabilisierung der Paarbeziehung durch Lustgewinn zu dienen. Sie dient in der patristischen Kultur auch und vor allem der Zeugung von Nachkommenschaft.

d) Voreheliche Sexualität
Voreheliche Sexualität dient in der matristischen Kultur der Auswahl des Partners der Frau, den sie im Falle der Eheschließung in die Familie ihrer Mutter aufzunehmen gedenkt.

Sie ist daher erlaubt. In der patristischen Kultur verhindert
voreheliche Sexualität die Bereitschaft des Mannes, die Frau
in seine Familie aufzunehmen, vor allem, weil die Feststellung der Vaterschaft fraglich wird.

e) Gattenbeziehung
Der Mann ist in der matristischen Kultur Spielgefährte der
Frau. Seine Notwendigkeit für die Fortführung der Familie in
der Linie von der Mutter über die Tochter zur Enkelin wird
nicht eingesehen. In der patristischen Kultur ist die Ehefrau
notwendiges Bindeglied zwischen den Generationen. Der
Vater bedarf ihrer, um den Sohn zu zeugen, der Sohn bedarf
seinerseits einer Ehepartnerin, um den Enkel zu zeugen
usw.

f) Eltern-Kind-Beziehung
Die Beziehung zwischen den Eheleuten rangiert in der
matristischen Kultur hinter der Beziehung zwischen der
Mutter und ihren Kindern. Das liegt daran, dass der Ehepartner nicht als Verwandter gilt, weil er von einer anderen
Mutter abstammt. In der patristischen Kultur rangiert die Ehe
hinter der Vater-Sohn-Beziehung, weil die Fortführung der
Familie in männlicher Linie zentrales Orientierungsprinzip
ist.

g) Eheform
In der matristischen Kultur herrscht Monogamie vor, wobei
der Ehemann leicht ausgetauscht werden kann. In der
patristischen Kultur ist Polygamie möglich, womit die Aus-
tauschbarkeit der Frau schon sichtbar gemacht ist.

h) Ehescheidung
In der matristischen Kultur hat die Ehescheidung die Form
einer Entlassung des Mannes. Die Kinder bleiben in jedem
Fall bei der Mutter. In der patristischen Kultur hat Ehe-

scheidung die Form der Entlassung der Frau. Die Kinder bleiben beim Vater.

Neben diesen acht Kriterien ist der Hinweis auf die Stufenfolge der Entwicklung der Familie bedeutsam: Die unterste Stufe ist die Institutionalisierung der Mutter-Kinder-Gemeinschaft als Kern einer Frühform der Familie. Die darauf aufruhende zweite Stufe besteht in der Familialisierung des Mannes als Sexualpartner der Frau unter den Bedingungen der matristischen Kultur. Die dritte Stufe ist die Einsetzung des Mannes als Vater.

Die beiden Familienformen, von denen im ersten Teil die Rede war, waren nicht christlich. Sie wurden als Durchgangsstufen in der Entwicklung menschlicher Kultur zum Christentum hin beschrieben. Nichtsdestoweniger ist es wichtig, sie charakterisiert zu haben und sie erkennen zu können, weil sie auch in der christlichen Kultur in zwei unterschiedlichen Weisen auftreten können: zum einen können Elemente einer vorchristlichen Familienform als Verfallssymptome dadurch wieder entstehen, dass eine spätere und anspruchsvollere Entwicklungsstufe verloren geht, weil die Verfallsbereitschaft des Menschen, von der wir im Anschluss an Arnold Gehlen gesprochen hatten, zu einer primitiveren Form menschlichen Miteinanders zurückführt. Zum anderen gilt aber auch, dass ursprüngliche Formen menschlicher Kultur dauerhaft erst dann überwunden sind, wenn sie in eine spätere, anspruchsvollere Form hinein integriert sind, wenn sie dort, wie Hans Freyer sagt, als "eingelagerte Schichten" aufgenommen sind. So könnte man z.B. die Meinung vertreten, dass sich auch in der christlichen Familie matristische Elemente erhalten haben, nur dass sie dort auf die Beziehung zwischen Mutter und Neugeborenem etwa bis zur Vollendung des dritten Lebensjahres zurückgenommen worden sind.

Während wir die matristische Kultur ohne weitere Differenzierungen hier pauschal beschrieben haben, haben wir nach dem Hinweis auf zwei verschiedene Entwicklungswege zur patristischen Familienform hin nur den einen Weg weiterverfolgt, der sich als radikale Gegenbewegung gegen den Matrismus bei den Völkern herausgebildet hat, die sich in der Nachfolge Abrahams verstehen. Wir dürfen diese spezielle Form der patristischen Kultur nicht verallgemeinern, sondern müssen im Auge behalten, dass es sich dabei um die patriarchalische Variante der patristischen Kultur handelt. Während wir die Familie der matristischen Kultur und die der patriarchalischen Form patristischer Kultur hier mit erheblicher Distanz besprechen konnten als Erscheinungen, die vorchristlich und überwunden sind, müssen wir beim Eintritt in die Überlegung zur christlichen Familie, die uns im zweiten Teil beschäftigen soll, einige methodische Erwägungen anstellen. Das Thema 'Familie als Grundmodell für Werte und Wertvermittlung' knüpft bei einer dem Wissenssoziologen vertrauten Denkweise an, in der davon ausgegangen wird, dass Menschen ihre Wertvorstellungen aus dem Material dessen konstruieren, was sie in ihrer Alltagswirklichkeit umgibt. Wenn also eine Entsprechung zwischen Wertvorstellungen und Lebensalltag unterstellt wird, so geschieht das hier in der Weise, dass die Erfahrungen des Lebensalltags Ursache und die Inhalte der Wertvorstellungen Wirkung davon sind.

Weil ich in vorliegender Abhandlung dazu neige, vor allem religiöse Glaubensinhalte als Wertvorstellungen zu behandeln, stellt sich die Frage nach der Entsprechung zwischen Vorstellungsinhalt und Lebenswirklichkeit jenseits soziologischer Methode für den Christen noch einmal neu. Wollte man nämlich die Inhalte christlichen Glaubens als Spiegelungen menschlicher Alltagserfahrungen interpretieren, so könnte man sie nicht mehr als göttliche Offenbarung glauben. Darum ist es für die Methode unseres Denkens in dieser Abhandlung wichtig, die Entsprechung zwischen Werten und Familie als Grundmodell nicht als Einbahnstraße zu denken, sondern die Möglichkeit der wechselseitigen Beeinflussung offenzuhalten. So liegt es nahe, dass wir die Wertvorstellungen, die uns in den Mythen der matristischen Kultur überliefert sind, als Folgen der dort herrschenden Familienform verstehen. Die Richtung der Beeinflussung geht dort also von dem Grundmodell Familie (als Ursache aus) und führt hin zu den Wertvorstellungen (als deren Wirkung).

Wenn wir uns jedoch in den Bereich jener Wertvorstellungen hineinbegeben, die wir als offenbartes Glaubensgut betrachten, so müssen wir davon ausgehen, dass die Entsprechung zwischen Werten und deren Grundmodell in umgekehrter Richtung hergestellt werden muss:

Die Wertvorstellung ist nun aufgrund göttlicher Offenbarung vorgegeben und der Lebensalltag muss darauf hingeordnet werden. Wenn wir im Hinblick auf die patriarchalische Form der Familie in der patristischen Kultur gesehen hatten, dass die Familialisierung des Mannes fortschreitet von seiner Einbindung als Sexualpartner der Mutter hin zu seiner Einsetzung als Vater, so wurde Vaterschaft durch Offenbarung und Verheißung zu einem hohen Wert und eine Reihe von Normen konnte unter Berufung auf diesen Wert durchgesetzt werden. Zu diesen Normen gehörte das sechste Gebot in der Fassung des Alten Testamentes. Wir hatten die restriktivere Ausgestaltung der Sexualethik als Voraussetzung für die Feststellung der Vaterschaft gedeutet, die ja wiederum Grundlage für die Entstehung der patristischen Kultur ist. Lässt man alle religiösen Argumente beiseite, so könnte man für die Gesellschaft der Gegenwart daraus die

Konsequenz ziehen, dass die Feststellung von Vaterschaft in der modernen technisierten Welt ganz und gar unproblematisch geworden ist und dass es deshalb für die Aufrechterhaltung der genannten restriktiven Sexualnormen in der Gegenwart keine Rechtfertigung mehr gibt. Der Leser weiß, dass man diese Argumentationsfigur nicht selten antrifft, aber er erwartet auch mit Recht, dass wir nicht bereit sind, uns ihr anzuschließen.

In der vorchristlich-patriarchalischen Form der patristischen Kultur mag zwar die voreheliche Jungfräulichkeit der Frau und späteren Mutter - um nur dies Beispiel zu nennen - ausschließlich funktional begründet gewesen sein und zwar im Interesse einer eindeutigen Bestimmung der Vaterschaft ihrer späteren Kinder. Inzwischen hat aber der christliche Glaube Jungfräulichkeit als Wert in der Person der Mutter Gottes eingeführt. Während die voreheliche Jungfräulichkeit der Frau vor Christus als funktionale Notwendigkeit erzwungen werden musste, kann sie in der christlichen Kultur aufgrund der Identifikation mit der Jungfrau Maria von denen in Freiheit geleistet werden, die sich zu diesem Wert bekennen. Das christliche Evangelium ist darum eine Botschaft der Freiheit, weil es die überwiegend aus Furcht vor Bestrafung motivierte Handlungsweise früherer Formen ablöst zugunsten der aus Liebe zu denjenigen symbolischen Personen motivierten Handlungsweise, die zentrale Werte verkörpern. Während man also jenseits christlicher Religion den Wegfall der funktionalen Begründung als Befreiung zu vorehelicher Sexualität begrüßen kann, steht man als Christ gerade angesichts dieser Einsicht in der Freiheit, auf der Grundlage des Bekenntnisses zu christlichen Werten das zu leisten, was man nicht mehr aufgrund funktionaler Zwänge zu leisten braucht.

2. Ethische Gleichstellung von Mann und Frau im Christentum

Die von uns skizzierte patriarchalische Variante der patristischen Kultur zeichnet sich dadurch aus, dass in einigen Bereichen Regelungen für die Frauen vorgesehen waren, denen die Männer sich nicht unterwarfen. Daraus ergab sich eine rechtliche Bevorzugung des Mannes im Bereich der Sexualnormen. Die Stoßrichtung der Lehre Jesu kann man interpretieren als gegen diese ungleiche Behandlung der Geschlechter gerichtet. Das kann man z.B. daran belegen, dass Jesus dem sechsten Gebot eine neue Fassung gab. Die für Männer bequeme Fassung, die dieses Gebot im Alten Testament hatte, und von der wir gesehen hatten, dass sie zur Überwindung der matristischen Kultur und zur Etablierung der Verwandtschaftsorganisation in väterlicher Linie notwendig war, wurde von Jesus aufgehoben. Dieser Intention entspricht sein Wort: "Ihr habt gehört, dass gesagt wurde, Du sollst nicht ehebrechen. Ich aber sage Euch: Jeder, der eine Frau ansieht, um sie zu begehren, hat mit ihr die Ehe im Herzen gebrochen." (Mt 5, 27f.)

Mit dieser Formulierung, die sich eindeutig an Männer richtet, gibt Jesus ohne Frage dem Wort 'Ehebruch' eine neue Wendung. Während bisher Ehebruch verbunden war mit der Sorge, die Vaterschaft eines Neugeborenen könne nicht mehr eindeutig feststellbar sein, wird hier von Jesus nicht in erster Linie diejenige Dimension der Sexualität angesprochen, die auf die Zeugung von Nachkommen gerichtet ist, sondern in dieser Zurechtweisung die Dimension der Sexualität als Lustgewinn, die in der matristischen Kultur allein bekannt war. Dies bedeutet, dass es für die von Jesus vertretene Forderung keine funktionale Begründung mehr gibt, sondern dass sie legitimiert ist einzig und allein aus seiner Person selbst.

Dies gilt ganz ähnlich für die Szene, in der eine Ehebrecherin von Männern gesteinigt werden soll, die sie auf frischer Tat ertappt haben. Jesus fordert denjenigen auf, den ersten Stein zu werfen, der in seinem eigenen Verhalten das erfüllt, was er von dieser Frau fordert. Er gebietet also - und darauf kommt es uns an - dass die Männer genau das befolgen sollen, was sie von der Frau fordern. An eheliche Treue sollen von nun an die Männer ganz ebenso gebunden sein, wie es bisher die Frauen schon waren. Diese Forderung Jesu war ebenfalls mit der Notwendigkeit einer eindeutigen Feststellung der Vaterschaft allein nicht mehr zu rechtfertigen. Auch hier ist Sexualität nicht in erster Linie als auf Zeugung von Nachkommenschaft ausgerichtet ange- sprochen, sondern als soziale Aktivität zum Lustgewinn. Jesu Forderung rechtfertigt sich auch hier nicht funktional, sondern aus dem Gehorsam ihm gegenüber. Aus Jesu Worten wird deutlich, dass er die Gleichbehandlung von Männern und Frauen nicht dadurch herstellen will, dass er den Frauen all jene Freiheiten zuerkennt, die die Männer damals schon hatten, sondern umgekehrt: Er legt den Männern diejenigen Bindungen auf, denen die Frauen schon unterworfen waren.

Wir können dieses gleiche Prinzip auch noch an einem dritten Beispiel sichtbar machen. Dabei geht es um das Verständnis von Ehescheidungen, nach dem der Mann das Recht hatte, die Frau zu entlassen. Hätte Jesus die übliche Scheidungspraxis, also das Recht der Männer, ihre Frauen unter Ausstellung eines Scheidebriefes zu entlassen, in unveränderter Form auf die Frau übertragen, so dass auch die Frauen ihre Männer entlassen können, so wäre das - und darauf kommt es uns hier an - das Ende der patristischen Familienverfassung gewesen. Wie wir gehört hatten, ist die Familie der patristischen Kultur immer dort, wo der Vater ist.

Es kommt darauf an, zu wissen, wer der Vater ist. Wer nicht angeben kann, wer sein Vater ist, der existiert in einer patristischen Kultur nur als Außenseiter oder gar nicht. Hätte Jesus nun mit dem Ziel der Gleichstellung von Mann und Frau zugelassen, dass im Falle des Scheiterns einer Ehe auch die Frau ihren Mann entlässt, dann hätte eine Familie unter Führung der Mutter weiterexistieren können und wäre damit aus dem Zusammenhang der patristischen Kultur herausgefallen. Die Kinder wären damit von vornherein zu einem für sie bedrohlichen Außenseiterdasein verurteilt gewesen.

Im Anschluss an diese Beispiele für die Stoßrichtung der Lehre Jesu soll die These formuliert werden, dass es Jesu Absicht war, sowohl den Fortbestand der patristischen Kultur zu gewährleisten als auch die Symmetrie zwischen Mann und Frau in der Ethik herbeizuführen. Dem entspricht es, wenn er seine Forderung wie folgt formuliert: "Jeder, der seine Frau entlässt, abgesehen vom Fall der Unzucht, bewirkt, dass die Ehe von ihr gebrochen wird. Jeder, der eine Entlassene heiratet, treibt Ehebruch." (Mt 5,32) Diese Fassung des Gebots war mit dem Fortbestehen der patristischen Kultur in völliger Übereinstimmung. Josef Ratzinger schreibt dazu: "Die Stoßrichtung der patristischen Exegese von Mt 5 und Mt 19 zielt weitgehend auf die völlige ethische und rechtliche Gleichstellung der Frau in Sachen Ehescheidung und Ehebruch: Dem Mann kommt kein anderes Recht und kein anderes Ethos zu als der Frau; sowenig sie ihn entlassen kann, sowenig kann er ihr den Scheidebrief ausstellen. Diese Korrektur am Alten Testament und auch an den moralischen Vorstellungen der Antike - die seit dem 4. Jahrhundert auch bei Kirchenschriftstellern wieder auftaucht wird als der zentrale Gehalt des Textes angesehen."[55] Übrigens spricht für die These von der durch Jesus angestrebten Symmetrie zwischen Mann und Frau die Fassung des Herrenworts bei Markus: "Wer seine Frau entlässt und eine andere heiratet, begeht an ihr Ehebruch; und wenn sie ihren Mann entlässt und einen anderen heiratet, begeht sie Ehebruch." (Mk 10, 11 f) Diese Texte kann man übereinstimmend unter das folgende Thema subsumieren: Kein in einer Ehe lebender Mensch soll in ethischer und rechtlicher Hinsicht von seinem Ehepartner etwas fordern, das er nicht selbst zu leisten bereit wäre.

3. Einsetzung des Eigenwerts der Ehe

Ein weiteres Prinzip der patriarchalischen Variante patristischer Kultur, an dem die Lehre Jesu eine Korrektur anbringt, betrifft die Eltern-Kind-Beziehung in der Familie. Aufgabe der Frau war es ja in der patriarchalischen Variante patristischer Kultur vor allem, dem Mann männlichen Nachwuchs zur Welt zu bringen. Die Familie bestand in männlicher Linie kontinuierlich durch die Generationen hindurch fort, wobei die Frau als Bindeglied zu sehen den Generationen der Männer angesehen wurde. Eine Frau, die sich als unfähig erwies, Söhne zu gebären, bedeutete den Untergang der Familie durch Aussterben. Daraus ergab sich für den Mann das Recht, sich eine andere Frau zu nehmen, die fähig war, ihm einen Sohn zur Welt zu bringen. In dieser Weise war die Vater-Sohn-Beziehung der Ehe übergeordnet.

Dem stellt Jesus in seiner Verkündigung ein Eheverständnis entgegen, das die Ehe nicht mehr nur als Besitzrecht des Mannes, sondern als mit Eigenwert ausgestattete und unter

---

[55] J. Ratzinger, Zur Frage der Unauflöslichkeit der Ehe, in F. Henrich und V. Eid (Hg.), S. 36f.

Gottes besonderem Schutz stehende Beziehung sieht. Dem bislang einzigen Ehezweck, der Zeugung von Nachkommenschaft, fügt Jesus nun ein zweiten als gleichwertig hinzu, nämlich einander als Gatte liebevoll und hilfreich zur Seite zu stehen. Damit erhält die Ehe jenen Eigenwert, aufgrund dessen es überhaupt erst vorstellbar wird, dass sich die Ehe als Institution von der Familie ablösen kann. Erst nach dieser neuen Lehre Jesu kann Ehe selbst dann als sinnvoll erlebt werden, wenn sie kinderlos bleibt. Angesicht dieser Neubestimmung von Ehe in der Lehre Christi stellt sich die Frage, ob er die Unterordnung der Eltern-Kind-Beziehung unter die Gattenbeziehung gewollt hat, oder ob er die Gleichrangigkeit zwischen beiden Beziehungstypen anstreben wollte.

Die Aufwertung der Ehe zu Lasten der Vater-Sohn-Beziehung, die Einsetzung also des Eigenwertes der Ehe als Kritik und Korrektiv am vorchristlichen Patriarchalismus war wohl nicht angelehnt an jene weitgehende Verselbständigung der Ehe gegenüber der Familie, die wir in den Industriegesellschaften der Gegenwart beobachten können. Doch auf diese Problematik werden wir später zurückkommen.

4. Ausweitung des Blutsprinzips auf fiktive Verwandtschaft

Die beiden im ersten Teil dieser Abhandlung beschriebenen Kulturmuster des Matrismus und des Patrismus beruhen übereinstimmend auf dem Prinzip der Blutsverwandtschaft. Als verwandt betrachten Menschen einander im materialistisch-biologischen Sinne dann, wenn sie der Meinung waren, dass sie aus demselben menschlichen Körper hervorgegangen waren. Am Beispiel der matristischen Kultur bezog sich das auf eine gemeinsame Mutter und am Beispiel der patristischen Kultur auf einen gemeinsamen

Vater. Innerhalb des Symbolsystems christlicher Wertvorstellungen nimmt nun die Gestalt des Pflegevaters Jesu eine zentrale Stellung ein.

Wir hatten schon erwähnt, dass Josef seine Verlobte Maria zunächst heimlich entlassen will, als er bemerkt, dass sie ein Kind erwartet. Obschon er genau weiß, dass dieses Kind sein leiblicher Sohn nicht ist, nimmt er ihn dennoch wie ein Vater an und zieht ihn auf. Es handelt sich also um eine fiktive Vater-Sohn-Beziehung ohne irgendeine biologische Grundlage, also auch nicht vergleichbar z.B. der Situation eines Onkels, der den Sohn seines verstorbenen Bruders erzieht. Wir müssen in dieser Verhaltensweise Josefs eine unerhörte Abkehr von den bisherigen Selbstverständlichkeiten der patristischen Kultur sehen.

Angesichts der revolutionären Qualität des Interaktionsmodells Josef-Jesus ist es interessant, wie die Evangelisten Matthäus und Lukas den Nachweis der Vorfahren Jesu in männlicher Linie erbringen. Diese Ahnentafeln dienen entsprechend dem Prinzip der Blutsverwandtschaft, aus dem sie hervorgegangen sind, dem Nachweis, dass Josef aus dem Hause Davids stammt. Da Jesus mit seinem Pflegevater Josef nicht blutsverwandt ist, gerät diese Aufzählung der männlichen Vorfahren in ein problematisches Licht. Den Übergang von Josef zu Jesus vollzieht Matthäus mit den Worten: "Jakob zeugte den Joseph, den Mann Marias, von der Jesus geboren wurde, der Christus heißt." (Mt 1, 16) Bei Lukas ist der Leser des Evangeliums von der jungfräulichen Empfängnis schon vorher informiert worden, so dass der Evangelist die Ahnen-tafel einleiten kann mit den Worten: "Bei seinem ersten Auftreten war Jesus ungefähr dreißig Jahre alt und war, wie man glaubte, der Sohn Josefs."(Lk 4, 23)

Die Verehrung, die Josef als dem fiktiven Vater Jesu und fiktiven Gatten Mariens durch die beiden christlichen Jahrtausende hindurch zuteilwurde, ist für die Familiensoziologie bedeutsam unter dem Gesichtspunkt der Personifizierung einer Wertvorstellung. Es handelt sich dabei um die Abschwächung des Prinzips der Blutsverwandtschaft und um die Hervorhebung des Prinzips fiktiver Verwandtschaft als Wert. Geistige Vaterschaft ist nun Grundlage nicht nur für die Beziehung zwischen Adoptiv-Vater und Adoptivkind, sondern offensichtlich für eine ganze Reihe von Beziehungen zwischen Christen. Wenn etwa ein Bischof bei der Priesterweihe einem jungen Mann die Hände auflegt, so soll damit doch offenbar eine geistige Vater-Sohn-Beziehung begründet werden.

Man kann mit gutem Grund die These vertreten, dass die Kirche der Christenheit insgesamt auf dem Prinzip fiktiver Verwandtschaft beruht.[56] Die Kirche sieht sich als kollektive Nachfolgerin des Volkes Israel, das seine Mitglieder als Kinder Abrahams, Isaaks und Jakobs im Sinne blutsverwandtschaftlicher Nachfahren definierte. Die 12 Söhne Jakobs gelten als Stammväter der 12 Stämme Israels. Analog gelten die 12 Apostel als die geistigen Stammväter der Teilkirchen der Christenheit. Dabei gilt die Kirche selbst als weibliches Prinzip, als Braut Christi. Die Taufe in ihrer ursprünglichen Form als Aufsteigen des zunächst untergetauchten Täuflings aus dem Wasser des Taufbrunnens symbolisiert die biologische Geburt und begründet fiktive Mutterschaft der Kirche gegenüber dem Täufling. So ließe sich die Zahl der Beispiele vermehren, die alle als Belege dafür vorgetragen werden können, dass die Christenheit

---

[56] H.J. Helle, Jugend - Familie - Sexualität, in: R. Bleistein (Hg.), Kirchliche Jugendarbeit Düsseldorf 1976, S. 63

die Modelle der Blutsverwandtschaft überträgt und im Bereich fiktiver Verwandtschaft analog deutet.

Es wäre eine interessante Aufgabe, die selbstverständlich im Rahmen dieser Abhandlung nicht geleistet werden kann, die auf fiktiver Verwandtschaft beruhenden Prinzipien geistiger Verwandtschaft innerhalb der Christenheit in ähnlicher Weise zu beschreiben, wie das für die matristische und patristische Kultur versucht worden ist. Wenn in der Beziehung zwischen Christus und der Kirche Christus das männliche und die Kirche das weibliche Prinzip darstellen, dann müssen der römisch-katholische Priester und Bischof als Repräsentanten Christi männlich sein.

Als Kardinal Ratzinger im Oktober 1977 seine Titelkirche in Rom übernahm, standen unter den Wartenden vor der Kirche in weitem Abstand voneinander auf der Treppe ein katholischer Weihbischof in üblicher Kleidung und ein griechisch-orthodoxer Bischof in seinem schwarzen Gewand mit langem Bart. Um den katholischen Bischof herum versammelte sich eine Gruppe begeisterter alter Damen, während sich um den griechisch-orthodoxen Bischof herum eine Gruppe von ebenso begeisterten Schulbuben tummelte. Seit ich dieses Bild vor Augen habe, geht es mir nach. Vielleicht repräsentierten die beiden christlichen Bischöfe je einen anderen Typ geistiger Vaterschaft.[57]

5. Die notwendige Entsprechung von Grundmodell und kulturellem Kontext

Vor dem Hintergrund von zwei auf Blutsverwandtschaft beruhenden Kulturen, der matristischen und patristischen, haben wir einige spezifisch christliche Werte im Bereich von

---

[57] Vgl. Zur Frage geistiger Vaterschaft: H.J. Helle, Familie Zwischen Bibel und Kinsey-Report, Osnabrück 1974, S.72 f.

Ehe und Familie skizziert. Das geschah zu drei Themenbereichen: a) dem der Angleichung der an Ehemann und Ehefrau zu richtenden ethischen Forderungen, b) dem der Einsetzung des Eigenwertes der Ehe gegenüber der Vater-Sohn-Beziehung und schließlich c) dem des Überganges von dem Prinzip der Blutsverwandtschaft zum Prinzip fiktiver Verwandtschaft.

Die drei hier nacheinander beschriebenen Kultursysteme, A) das matristische, B) das patriarchalisch-patristische und das C) christlich-patristische sollten als Entwicklungsstufen von einer primitiven Ursprungsform zu einer anspruchsvollen Hochform dargestellt werden. Freilich ist damit eine Thematik angesprochen worden, die nicht nur unter Berücksichtigung des Umfangs der Fragestellung, sondern vor allem auch unter Berücksichtigung ihres Schwierigkeitsgrades hier nicht annähernd angemessen behandelt werden kann. Je einfacher ein Kultursystem, desto leichter ist es, seine innere Geschlossenheit sichtbar zu machen. Das System christlicher Werte ist so komplex, dass es ständig von der Gefahr bedroht ist, seine innere Geschlossenheit nicht mehr sichtbar machen zu können. Diese Problematik potenziert sich noch aufgrund der Tatsache, dass das System christlicher Werte im Bereich der Familie Elemente einfacherer Kultursysteme als "eingelagerte Schichten" in sich aufgenommen hat. Um das zu belegen, möchten wir zwei der acht Vergleichskriterien noch einmal durchgehen, von denen zu Beginn des zweiten Teiles die Rede war:

A) Mutterschaft
Während Mutterschaft in der matristischen Kultur das Ergebnis nur fraulicher Kreativität und in der patristischen Kultur das Ergebnis auch männlicher Potenz war, ist sie im

Kontext christlicher Werte normalerweise zwar auch Ergebnis männlicher Potenz, aber im Falle der Mutter Gottes ein Ergebnis der unmittelbaren Einwirkung des Heiligen Geistes.

b) Vaterschaft
ist in der matristischen Kultur unbekannt, wird in der patristischen Kultur zum zentralen Wert als biologische Vaterschaft und tritt im christlichen Kontext in der Form geistlicher Vaterschaft als Wert auf, wobei auffällig ist, dass Josef als Pflegevater Jesu die neue charakteristisch christliche Variante von Vaterschaft personifiziert. Während also in der matristischen Kultur alle Väter als Pflegevater gelten und in der patristischen Kultur patriarchalischer Form alle Väter als biologische Erzeuger gelten, kommt im Zusammenhang christlicher Werte beides vor.

Eine sorgfältigere Untersuchung, als sie hier geleistet werden konnte, könnte der Frage nachgehen, inwieweit das christliche Wertsystem eine Synthese zwischen matristischen und patristischen Ausgangsformen darstellt, oder inwieweit es als Fortführung patristischer Grundprinzipien bei gleichzeitiger Korrektur von Einseitigkeiten gedeutet werden muss.

Die These, auf die wir uns hier beschränken müssen, lautet wie folgt: Angesichts der geistigen Umwälzung in der christlichen Welt seit der Zeit der Aufklärung, der Französischen Revolution und der Industrialisierung im 19. und 20. Jahrhundert, ist die den westlichen Industriegesellschaften zugrundeliegende Kultur weit davon entfernt, ein in sich geschlossenes Wertsystem darzustellen. In verschiedenen christlichen Bereichen lassen sich Rückentwicklungen zu vorchristlichen Formen eines patriarchalischen Patrismus nachweisen. Außerdem gibt es im Zusammenhang mit nichtchristlichen Denkmodellen aus dem Bereich des Marxismus, der Psychoanalyse und der erwähnten tendenziösen Auswertungen ethnologischer Forschung Tendenzen, die auf matristische Grundmodelle zurückverweisen.

Aufgrund dieser geistigen Situation existiert in den westlichen Industrienationen ein gleichzeitiges Nebeneinander von zusammenhanglosen Einzelwerten, die durchweg nicht zu einer in sich geschlossenen Kultur integriert sind. So entsteht die Situation nicht nur eines Marktes der Werte, sondern die eines Selbstbedienungsladens der Normen, eine Situation, in der selbst originär christliche Grundsätze aus ihrem kulturellen Zusammenhang herausgerissen zur Desorientierung und Perversion führen können. Zur Überwindung müsste diese Situation zunächst bewusst gemacht werden. Der Schein der in sich geschlossenen Kultur müsste aufgegeben werden, damit sichtbar wird, dass es bei uns ein in sich geschlossenes System Christlicher Werte innerhalb des Volksglaubens gegenwärtig nicht mehr überall gibt. Die als scharfe Kritik an egoistische Männer einer patriarchalischen Familienverfassung in Israel von Jesus gerichteten Worte führen notwendig in die Irre, wenn sie aus dem Zusammenhang genommen im Kontext moderner politisch orientierter matristischer Gruppen gesprochen werden. Die angestrebte Gleichheit von Mann und Frau in der Ethik ist christlich geboten aufgrund der Überzeugung von der Gleichwertigkeit beider Geschlechter. Wie kann man verhindern, dass sie missverstanden wird als Aussage zugunsten einer Gleichartigkeit von Mann und Frau? Die politische Forderung nach solcher Gleichartigkeit kann zu einem bedauernswerten Frauentyp führen, der seinem äußeren Habitus nach zu erkennen gibt, dass er männlich zu sein versucht.

Die christliche Aufwertung der Ehe kann jenseits des Kontexts christlicher Kultur zu einer Verselbständigung der Ehe und ihrer Herauslösung aus der Familie führen. Wir wissen, dass es dafür reiches empirisches Anschauungsmaterial gibt. Und die Ausweitung des Prinzips der Blutsverwandtschaft auf das Prinzip fiktiver Verwandtschaft, die in christlichen Gesellschaften die Möglichkeit eröffnete, dass auch Menschen, die nicht miteinander blutsverwandt waren, einander wie Brüder und Schwestern liebevoll begegneten, kann freilich dazu pervertiert werden, dass auf Blutsverwandtschaft beruhende Familienbande gar nicht mehr interessieren und daher auch das Interesse an eigenen leiblichen Nachkommen zu schwinden beginnt.[58]

6. Vorschau auf den dritten Teil

Auf der Suche nach einem neuen Grundmodell der Ehe und Familie hat die Ehepastoral in den letzten Jahren die Formel von der Partnerschaftsehe entwickelt. Unter dem Etikett "Partnerschaft" verbirgt sich aber wohl eine Reihe unterschiedlicher Ehetypen selbst innerhalb der Christenheit. Wenn sich Ehe zur Familie erweitert und mit zwei oder mehr Kindern ein stabiles Beziehungsgeflecht entwickelt hat, kann sie im Innenverhältnis mehr auf die Person des Vaters oder auf die der Mutter zugeschnitten sein. Ein solcher "Zuschnitt" stellt sich oft selbst dann ein, wenn die Eheleute erklären, dass keiner den anderen dominieren wolle, sondern dass sie alle wichtigen Fragen gemeinsam beraten und beschließen.

Wenn die Mutter dazu neigt, die Kinder auf den Vater hinzuweisen, sie zur Orientierung des Verhaltens an seinem

---

[58] Geburten in der Bundesrepublik Deutschland auf 1000 Einwohner: 1963: 18,3; 1977: 9,5; 2015: 8,5 Todesfälle auf 1000 Einwohner: 1977: 11,9. Vgl. Tageszeitung DIE WELT Nr. 169 vom 24.7.7B: "Das neue Zauberwort heißt 'abkindern'". FactFish, Internet, Dezember 2019.

Urteil aufzufordern und gelegentlich auch sich mit den Kindern gemeinsam diesem Urteil ohne Groll zu unterwerfen, kann man von einer Vaterfamilie sprechen. Wenn umgekehrt der Vater dazu neigt, die Kinder zur Entscheidung wichtiger Fragen an die Mutter zu verweisen und sich zum Fürsprecher der Kinder bei der Mutter zu machen, ist es angebracht von einer Mutterfamilie zu sprechen, weil die Mutter die informelle Führerin der Familie ist.

Sicher gibt es eine Reihe anderer Familientypen, die hier nicht erwähnt werden können. Bei einer soziologischen Auseinander-setzung mit der Familie der Gegenwart muss aber davon ausgegangen werden, dass Kinder aus Vaterfamilien sich von Kindern aus Mutterfamilien signifikant unterscheiden, weil sie verschiedene Grundmodelle kennengelernt haben. Nimmt man nun an, dass unsere Gesellschaft auch heute noch in der Kontinuität des Patrismus steht, dann kann man die Hypothese formulieren, dass Kinder aus Vaterfamilien sich leichter und konfliktfreier Zugang zur gesellschaftlichen Öffentlichkeit in Beruf, Politik und Religion verschaffen werden. Ruht unsere Gesellschaft dagegen nicht mehr auf einem einheitlichen patristischen Kulturfundament auf, dann muss gefragt werden, ob Kinder aus Vaterfamilien und Kinder aus Mutterfamilien in ihrer Gesamtheit zu Repräsentanten zweier verschiedener Teilkulturen werden.

Ob diese beiden und die weiteren hier nicht angesprochenen Teilkulturen innerhalb einer Gesellschaft wie der Österreichs oder der Bundesrepublik Deutschland friedlich nebeneinander bestehen können, oder ob ein zunächst versteckter und dann offener Konflikt unausweichlich wird, das kann hier nicht untersucht werden.

Nur scheint der christliche Glaube an den Gott, der Vater und Sohn ist, zur Vaterfamilie eine größere Affinität zu haben als zur Mutterfamilie. Darum könnte eine weitere Hypothese formuliert werden mit dem Inhalt, dass Kinder aus Vaterfamilien mit größerer Wahrscheinlichkeit als solche aus Mutterfamilien ihre eigenen Kinder, falls sie später solche haben sollten, zu Christen erzogen werden.

Dieser Effekt könnte damit erklärt werden, dass unterschiedliche Grundmodelle der Wertvermittlung auch zur Übertragung unterschiedlicher Inhalte als Werte Anlass geben. Welche Möglichkeiten und Schwierigkeiten der Familie als Grund-modell für Werte und Wertvermittlung in den Industriegesellschaften der Gegenwart gegeben sind, soll im dritten Teil behandelt werden.

III

1. Der Übergang von der Agrarkultur zur Industriegesellschaft

Als eine bedeutsame Schwelle in der Entwicklung menschlicher Kultur betrachten wir den Übergang vom Nomadentum zur sesshaften Lebensform. Die sesshafte Lebensform hat durch fast zwei Jahrtausende hindurch die Familie des christlichen Abendlandes geprägt. Heute leben wir wahrscheinlich in einer Situation, die von einem ähnlich schwerwiegenden Übergang geprägt ist. Kriegsereignisse, Flucht, Vertreibung, und, seit wir im Frieden leben, Probleme der Berufswahl und der Wahrnehmung von Ausbildungsmöglichkeiten führen zu einer immer stärker werdenden räumlichen Mobilität. Sesshaftigkeit bedeutet, dass eine Familie viele Generationen lang ortsgebunden blieb: Der Gutshof oder die Kate auf dem Land, das Handwerkshaus oder das Haus des Kaufmanns in der Stadt blieben hundert Jahre lang und länger Wohnung und Wirkungsstätte einer Familie. Es gab individuelle Wanderschaft: Junge Männer verließen als Handwerksburschen, als Studenten oder als Soldaten ihre Heimat. Sie kehrten aber endlich an den Ausgangspunkt ihrer Reise zurück oder, selbst wenn sie das nicht taten, so wanderten doch einzelne, aber nicht die Familie.

Heute ist es eher die Ausnahme, wenn jemand in dem Hause oder auch nur in dem Geburtsort seiner Großeltern lebt. Die Fähigkeit und Bereitschaft zur räumlichen Mobilität mit Frau und Kind ist Voraussetzung für den beruflichen Erfolg für immer mehr Menschen und damit für ihren sozialen Aufstieg. Nun hängen aber Mobilitätsfähigkeit und Familiengröße unmittelbar zusammen. Die sesshafte Familie konnte mit Großeltern, unverheirateten Tanten und Gesinde bis zu 20 Mitglieder haben. Die mobile Industriefamilie besteht dagegen nicht selten aus drei Personen. Wenn man annimmt, dass der Anteil der Bevölkerung, der in Familien lebt, heute wie früher etwa gleichgeblieben ist, wenn man sodann davon ausgeht, dass den Kern einer jeden Familie eine Ehe darstellt, dann folgt aus dem drastischen Rückgang der Kopfzahl pro Familie, dass heute mehr Menschen in Ehen leben als früher. Der Trend ist selbst in der allerneuesten Zeit statistisch nachweisbar. Im Jahre 1939 waren 45,7 % der Gesamtbevölkerung verheiratet, im Jahre 1973 waren es 50,0 %.[59]

Nicht nur heiraten mehr Menschen als in früheren Jahrhunderten, sondern das Heiratsalter nimmt auch ab. So

---

[59] Vgl. K.M. Bolte, Deutsche Gesellschaft im Wandel, Bd. 1, Opladen 1966 S. 145. Statistisches Jahrbuch der Bundesrepublik Deutschland 1973, S. 48; 1975, S. 61; 1976, S. 49

waren im Durchschnitt der deutschen Bevölkerung die Männer, die zum ersten Mal heirateten, in den Jahren zwischen 1911 und 1913 27,4 Jahre alt. In der gleichen Zeit heirateten Frauen im Durchschnitt im Alter von 24,7 Jahren. Die entsprechenden Zahlen sanken 1974 auf das Heiratsalter von 25,6 Jahren für Männer und 22,9 Jahren für Frauen.[60] Gleichzeitig ist aufgrund des Fortschritts in der Medizin die Lebenserwartung der Menschheit laufend gestiegen. Für den neugeborenen Säugling betrug die Lebenserwartung in den Jahren 1901-1910 fast 45 Jahre, wenn er männlich war, und etwas über 48 Jahre, wenn er weiblich war. Die entsprechenden Erwartungen betragen für die Jahre 1972-1974 fast 68 Jahre für männliche Neugeborene und etwas über 74 Jahre für weibliche Neugeborene.[61] Mit dem Sinken des Heiratsalters und der gewaltig gestiegenen Lebenserwartung nimmt selbstverständlich die durchschnittliche Ehedauer zu. Da außerdem der Anteil an der Bevölkerung zugenommen hat, der in der Ehe lebt, kann man schon quantitativ damit rechnen, dass es in der Gegenwart mehr Eheprobleme gibt als in früheren Jahrhunderten.

Zusammenfassend halten wir fest: Die Zunahme der räumlichen Mobilität in der Industriegesellschaft bringt eine Abnahme der Kopfzahl pro Familie mit sich. Gleichzeitig steigt der Anteil der Verheirateten an der Gesamtbevölkerung, und da die Lebenserwartung zunimmt, während das durchschnittliche Heiratsalter sinkt, nimmt auch die potenzielle Dauer der Ehe im Durchschnitt zu.

---

[60] Vgl. K.M. Bolte, a.a.O. S.136. Statistisches Jahrbuch der Bundesrepublik Deutschland 1976, S. 68
[61] Vgl. K.M. Bolte, a.a.O., S.144, Statistisches Jahrbuch der Bundesrepublik Deutschland 1976, S. 73

Die alte sesshafte Familie lebte als Institution durch viele Generationen hindurch fort. Sie verlor Personal durch Tod, Wegheirat und Abwanderung, aber sie rekrutierte neues Personal durch Geburt, Einheirat und Einstellung als Mitarbeiter. Die ältere Generation zog sich aufs Altenteil zurück, die jüngere Generation der Eheleute übernahm die Führung: So blieb die Kontinuität der Familie durch viele Generationen hindurch gewahrt.

Heute ist es üblich geworden, bei jeder Heirat von Familiengründung zu sprechen. Die Familie erlischt mit dem Tod ihrer Gründer, jede Generation gründet wieder neu eine Familie und nimmt ihre Familie mit sich ins Grab. Der Hausstand wird aufgelöst, der Nachlass verkauft, was könnte die Diskontinuität deutlicher machen? Wie sehr dadurch das Tradieren von Familienkultur erschwert wird, liegt auf der Hand. Im Vergleich zur vorindustriellen Familie spricht man in der Soziologie von der Diskontinuität der Familie in der Industriegesellschaft.

Ein weiteres Ergebnis sozialen Wandels bezeichnen die Soziologen als Funktionsverlust der Familie. Das Grundmodell der patriarchalischen Großfamilie, das wir für die vorchristliche Zeit skizziert hatten, erhielt sich mit einigen bedeutsamen christlichen Korrekturen auch durch die vergangenen zwei Jahrtausende hindurch bis zum Beginn der Industrialisierung. Im deutschen Sprachbereich ist das Wort Familie recht neu. Ursprünglich war dort die Rede von dem Hause, dem jemand angehörte. In dem vorindustriellen ganzen Hause wurde produziert, konsumiert, geschult, erzogen, gebetet, gefeiert und Recht gesprochen - daran erinnern die Worte Elternrecht und Familienrat. Viele dieser Funktionen hat die Familie verloren: das Produzieren an den Betrieb, das Konsumieren an die Kantine, das Erziehen an die Schule, das Beten an die Kirche und das Richten an die

Justiz. (Studierende Söhne klagen gegen ihre Väter auf Unterhalt.) So kann der innere Zusammenhalt in der Familie weniger darauf gestützt werden, dass die Mitglieder arbeitsteilig zusammenwirken, dass einer auf den anderen funktional angewiesen ist. Risiko und Chance des Funktionsverlustes liegen in der Personalisierung und Intimisierung des Miteinanders in der Ehe und Familie.

Im Zusammenhang mit dem äußeren Wandel ergeben sich Veränderungen im Binnenraum der Familie. Dort hat sich in der Gegenwart der Industriegesellschaft Unsicherheit ausgebreitet, weil viele nicht mehr wissen, welche Meinung sie zur Frage der Gleichberechtigung der Geschlechter vertreten sollen. Diese Unsicherheit steht in einem gewissen Zusammenhang zu der Eingliederung von immer mehr Frauen in die industrielle Erwerbstätigkeit. In der Bundesrepublik waren im Jahre 1974 rund 17 Millionen Männer und rund 10 Millionen Frauen erwerbstätig.[62] Demnach verhielt sich in diesem Jahr 1974 die Zahl der erwerbstätigen Männer zur Zahl der erwerbstätigen Frauen wie 17 zu 10. Die statistischen Daten zeigen einerseits, dass in den vergangenen 70 Jahren die "Erwerbsquote" der weiblichen Wohnbevölkerung praktisch unverändert geblieben ist, andererseits aber auch, dass mit dem Verhältnis von 17 zu 10 der Anteil der Frauen an der erwerbstätigen Bevölkerung als sehr bedeutsam angesehen werden muss.

Für die Unsicherheit in der Frage der Gleichberechtigung der Geschlechter in Ehe und Familie ist aber die Tatsache der Berufstätigkeit allein gar nicht entscheidend. Es kommt vielmehr darauf an, ob es sich bei der Berufstätigkeit um eine geschlechtsgebundene Tätigkeit handelt, wie z.B. bei der Kindergärtnerin, Krankenschwester oder Sekretärin, oder ob

---

[62] Vgl. Statistisches Jahrbuch der Bundesrepublik Deutschland 1976

innerhalb des Berufslebens eine starke Tendenz zur beliebigen Einsetzbarkeit eines Mannes oder einer Frau in der betreffenden Berufsrolle steht.

Die Arbeitsteilung zwischen Mann und Frau in der Familie wird vor allem davon beeinflusst, ob eine ganztägige Berufsarbeit außerhalb des Hauses ausgeübt wird oder nicht. Die außerhäusliche Erwerbstätigkeit der Hausfrau und insbesondere der Mutter widerspricht der aus der vorindustriellen Tradition kommenden Vorstellung von den Geschlechtsrollen in Ehe und Familie. Empirische Befragungen zeigen, dass ein hohes Maß an traditioneller Rollenerwartung gerade bei Frauen vorhanden ist. Danach wird von einem Mann weiterhin erwartet, dass er durch seine Berufstätigkeit den Lebensunterhalt verdient, während der Frau angesonnen wird, den Haushalt zu führen und etwa vorhandene Kinder zu betreuen und zu erziehen. Die Erwartung von dem, was als typische Tätigkeit der Frau anzusehen ist, weicht daher offenbar für sehr viele Frauen von dem stark ab, was sie in Wirklichkeit tun und erleben, und zwar je nach sozialer Schicht in anderer Weise.

Diese Diskrepanz zwischen erwartetem und faktisch erlebtem Inhalt der Frauenrolle kann nun zweierlei Konsequenzen haben. Entweder hält die Frau sicher und selbstbewusst ihre Erwartungen für richtig und hofft auf eine Korrektur der tatsächlichen Verhältnisse, in denen sie lebt, so dass sie selbst oder wenigstens ihre Kinder möglichst bald erwartungsgemäße Lebensformen entwickeln können. Oder angesichts des Widerspruches zwischen Erwartung und Wirklichkeit geht der Glaube an die Zeitgemäßheit und Berechtigung der Erwartungen verloren und das Bewusstsein wird den tatsächlichen Begebenheiten angepasst. Ob der Widerspruch zwischen Erwartungen und Wirklichkeit auf die eine oder andere Weise gelöst wird, das hängt sehr

weitgehend von religiösen oder politischen Wertvorstellungen der Betroffenen ab.

Betrachtet man die Kulturgeschichte der Menschheit im
Überblick, dann erscheint in der Gegenwart nicht die Mitwirkung von Frauen an der Produktion materieller Güter, sondern gerade ihr Ausschluss von einer solchen Mitwirkung
durch die Beschränkung auf die Tätigkeit im Haushalt als
bemerkenswert.[63] Tatsächlich hat nämlich in der agrarisch-
handwerklichen Kultur der Vergangenheit die Frau zur
materiellen Güterproduktion in der Hauswirtschaft stets
einen bedeutsamen Beitrag geleistet. Das Sprichwort "Als
Adam grub und Eva spann, wer war dann der Edelmann?"
sollte wohl darauf hindeuten, dass nur eine ganz dünne
Oberschicht die Frau und übrigens auch den Mann von der
Notwendigkeit freistellte, an der materiellen Güterproduktion
mitzuwirken. Für mehr als 90% der Bevölkerung in der
Agrargesellschaft skizzierte dieses Sprichwort die Arbeitsteilung zwischen den Geschlechtern. Niemand wäre auf den
Gedanken gekommen, die Frau hinter den Pflug zu stellen
und den Mann an das Spinnrad zu setzen.

Die europäischen und asiatischen Hochkulturen waren im
Unterschied zu weniger weit entwickelten Eingeborenenkulturen übereinstimmend dadurch gekennzeichnet, dass
dort die Feldarbeit überwiegend oder ausschließlich den
Männern oblag. Die bäuerliche Hauswirtschaft erforderte
dabei eine solche Vielfalt von Kunstfertigkeiten bei der
Herstellung von Textilien, Nahrungsmitteln, Getränken,
Seife, Kerzen usw., dass die Bedeutsamkeit dieser Aufgabe
ganz außer Zweifel stand. Diese von den Frauen übernommenen Arbeiten waren keinesfalls weniger wichtig als die
Männerarbeit. Die Zuständigkeiten von Mann und Frau

---

[63] Vgl. hier S. 41

waren "damals durchaus gleichgewichtig einander zugeordnet."[64]

Die hier als erster Punkt erwähnten Anliegen der Güterproduktion und freilich nur ein Aspekt der traditionellen Arbeitsteilung zwischen den Geschlechtern. Daneben stand mit mindestens der gleichen Bedeutung die Aufgaben der Betreuung des Nachwuchses. Die vorindustriellen Verhältnisse waren weit davon entfernt, etwa die Produktionsarbeit ganz dem Mann und die Kinderbetreuung ganz der Frau und Mutter zu übertragen. Die Frau war maßgebend an der Gütererzeugung beteiligt, und zugleich widmete sich der Mann der Erziehung der Kinder, sobald sie aus dem Kleinkindalter herausgewachsen waren.

Dabei blieb es nicht dem Zufall überlassen, welche Form der Arbeitsteilung sich zwischen den Geschlechtern einstellte, denn Schwangerschaft, Geburt und Säuglingspflege der ersten 1 1/2 bis 2 Lebensjahre erforderten die Unterbrechbarkeit der Produktionstätigkeit der Frau. Darum konnten ihr nur solche Produktionsaufgaben übertragen werden, die eine Unterbrechbarkeit vertrugen. Ein weiteres selbstverständliches Kriterium für die Arbeitsteilung zwischen den Geschlechtern war das erforderliche Maß an körperlichem Kraftaufwand.

In den traditionellen vorindustriellen Gesellschaften bestand kein Anlass und auch keine Möglichkeit dazu, dass jede Generation die Aufteilung der Zuständigkeiten auf die Geschlechter neu vornahm. Abgesehen von dem Aufwand an körperlichen Kräften ging es ja bei der Bewältigung der Alltagsarbeit vor allem um Geschick, Erfahrung und Kunst-

---

[64] H. Dunckelmann: Die erwerbstätige Ehefrau im Spannungsfeld von Beruf und Konsum, Tübingen 1961, S. 22. Vgl. hier S. 43.

fertigkeit, also um einen Fundus des Wissens und Könnens, der innerhalb der Geschlechtsgruppen tradiert wurde: Die junge Frau lernte von den älteren Frauen und der junge Mann lernte von den älteren Männern. So wurde mit der Einführung in die Geschlechtsrolle zugleich das für diese Rolle typische Wissen und Können vermittelt und die Formen der Arbeitsteilung als Tradition verfestigt.

Für die Verhältnisse im Handwerkshaushalt galt vor der Industrialisierung nichts wesentlich anderes als im bäuerlichen Haushalt. Für den Mann trat an die Stelle der Feldarbeit und Großtierhaltung die handwerkliche Arbeit. Doch die Arbeiten der Frau waren kaum anders als auf dem Lande, zumal bis zu Beginn des 19. Jahrhunderts der städtische Handwerkshaushalt Gartenbau und Kleintierhaltung einschloss.

Im agrarischen wie im handwerklichen Bereich leistete die vorindustrielle Familie eine balancierte Lösung der Grundprobleme "Wirtschaft" und "Sozialisation". Da das Heiraten an die Innehabung einer Vollstelle für den Mann gebunden war,[65] konnte nur, wie wir sahen, ein vergleichsweise viel geringerer Teil der Bevölkerung zur Ehe zugelassen werden. Gerade eine solche Beschränkung des Zugangs (*numerus clausus*) sicherte den Rollen von Vater und Mutter im Bewusstsein der Bevölkerung ein hohes Maß an Verbindlichkeit. Sie dienten eben daher auch als Modellrollen für Männlichkeit und Fraulichkeit außerhalb der Familie, z.B. bei dem Landesvater an der Spitze des Staates oder bei der ehrwürdigen Mutter, die ein Nonnenkloster leitete.

Die traditionellen Erwartungen an die Rollen von Mann und Frau waren eben in der vorindustriellen Kultur und Gesell-

---

[65] Vgl. hier S. 44ff.

schaft an Vaterschaft und Mutterschaft orientiert und ausgerichtet auf die Lösung der beiden genannten Grundprobleme "Wirtschaft" und "Sozialisation" in der Familie.

Werfen wir einen Blick zurück auf die Wandlungstendenzen im Übergang von der Agrarkultur zur Industriegesellschaft: Wir hatten gesehen, dass die zunehmende Mobilität zum Rückgang der Kopfzahl je Familie führt. Personen, die im Verständnis der agrarischen Großfamilie Mitglieder einer einzigen Hausgemeinschaft waren, wohnen unter den Bedingungen der Industriegesellschaften nicht mehr zusammen, die zur Familienneugründung bei jeder Eheschließung und zum Familienuntergang beim Ableben jeder einzelnen Generation führt.

Der Funktionsverlust der Familie signalisiert den Übergang zur Trennung von Arbeitsplatz und Privatbereich. Als Folge des Funktionsverlustes wird die Aufgabenteilung zwischen den Geschlechtern in der Ehe und in der Familie zum Problem. Die Unsicherheit in der Frage der Gleichberechtigung der Geschlechter und ihrer Arbeitsteilung im Privatbereich hat sehr bedeutsame Konsequenzen für den Bereich der "Sozialisation". Der Mensch bringt hilflose Kinder zur Welt. Die Hilflosigkeit dauert so lange, dass weitere Geburten erfolgen können, bevor das erstgeborene Kind zur Unabhängigkeit herangewachsen ist. Für eine auf sich alleingestellte, mit der Sozialisation von einer größeren Zahl unterschiedlich alter Kinder beschäftigte Mutter ist es sehr schwierig, ohne Bezugnahme auf den Vater eine für die patristische Kultur optimale gesunde Erziehungssituation herzustellen. Für eine psychisch gesunde Entwicklung der Kinder ist es in der patristischen Kultur offenbar notwendig, dass von einem bestimmten Punkt ihrer Entwicklung an der Vater in die Mutter-Kind-Beziehung eindringt. Er führt dadurch einen Wandel in der Gefühlseinstellung beim Kind herbei und verhilft dem älterwerdenden Kind dazu, schrittweise Emotionalität und Aggressionsneigung durch Anerkennung der Autorität des Vaters zu ersetzen.

Obwohl sich im Laufe der patristischen Kulturgeschichte der Menschheit die Form väterlicher Autorität gewandelt hat, bleibt doch offenbar das Prinzip väterlicher Priorität notwendig erhalten: Mit dem Abbau der patriarchalischen Autoritätsstruktur wird die Vaterfunktion in christlich gewandelter Form dargestellt. Aber nach wie vor scheint es notwendig zu sein, dass der Vater durch sein Eindringen in die Mutter-Kind-Beziehung die Überwindung der Symbiose zwischen Mutter und Kind einleitet.

Eine deutlich unterschiedliche Ausgestaltung der Rollen von Mann und Frau ist für das Funktionieren der "Sozialisation" auch unter den gewandelten Bedingungen der Industriegesellschaft offenbar erforderlich. Entscheidend ist in jedem Fall die Art, wie die Mutter den Vater ihren Kindern gegenüber darstellt. Will sie bei dem Kind den Wunsch ermutigen und stärken, sich mit dem Vater zu identifizieren, so werden zu wollen wie er, wenn es ein Sohn ist, oder bei ihm Anerkennung und Zuneigung finden zu wollen, wenn es eine Tochter ist, so muss sie den Vater den Kindern gegenüber als den Träger von Autorität darstellen. Die Identifikationsbereitschaft mit dem Vater, die ja bei der Mutter gegenüber dem Kind ein von sich weg und auf den Vater Hinweisen erfordert, hängt freilich davon ab, ob die Mutter den Vater den Kindern gegenüber als den Inhaber von Autorität gelten lassen kann. Wenn sie selbst ihren Mann nicht respektiert, wird sie ihre Kinder nicht dazu bewegen können, den Vater zu respektieren. Die Identifikation des Kindes mit dem Vater unterbleibt dann, es wird sich vielmehr mit der Mutter identifizieren, weil es sie als den überlegeneren Elternteil erlebt. Damit unterbleibt oder verzögert sich womöglich die notwendige emotionale Ablösung des Kindes von der Mutter.

Aus mutterbezogenen Knaben werden junge Männer eines sinnlichen, gefühlsbetonten, weichen aber auch aggressiven Typs. Mädchen, die bei ihrer Mutter nicht gelernt haben, ihren Vater als überlegen zu betrachten, werden als erwachsene Frauen wahrscheinlich nicht bereit sein, irgendeinen Mann als überlegen zu akzeptieren. So werden Kinder mit Persönlichkeitsmerkmalen ausgestattet, die sie in der patristischen Kultur zu Außenseitern werden lassen.

Zum Autoritätsverlust des Vaters hat der Funktionsverlust der Familie beigetragen, weil die Produktionstätigkeit des Vaters in vielen Berufen von Ehefrauen und Kindern gar nicht mehr einsehbar ist. Wo das Verständnis für die berufliche Tätigkeit fehlt, kann diese Tätigkeit auch nicht zum Gegenstand von Anerkennung und Bewunderung werden. Der Gatte und Vater wird weitgehend im Raum der Familie nicht mehr als schöpferisch, sondern nur noch als erschöpft erlebt.

2. Die Dynamik des Miteinanders von Mann und Frau in der Ehe

Um die Dynamik des Miteinanders von Mann und Frau in Ehe und Familie genauer beurteilen zu können, müssen wir im Einzelnen prüfen, wie der Privatbereich des Menschen in der Industriegesellschaft jeweils ausgestaltet ist. Eine kulturanthropologische Untersuchung von Sonya Salomon[66] hat im Vergleich zwischen Japan und der Bundesrepublik

---

[66] S. Salomon, The Varied Groups of Japanese and German Housewives, in: The Japan Interpreter, 1975/76, S. 151-170

Deutschland ergeben, dass Hausfrauen der oberen Mittelschicht regelmäßig ihr Leben lang enge Bindungen an gleichaltrige Frauen unterhalten, mit denen sie seit ihrer Kindheit oder Jugend befreundet sind.[67] Diese Freundinnenkreise haben für die Sicherung der personalen Identität der betreffenden Frau offenbar eine große Bedeutung: In solchen Kreisen bestätigen nämlich Frauen einander ihr Frausein.

Die gleiche Untersuchung ergibt dagegen für die deutsche Frau dies: Ehefrauen der oberen Mittelschicht haben zumeist ihre Bekannten nur durch ihre Ehemänner kennengelernt, und vielfach erwarten die Männer ausdrücklich, dass ihre Frauen Bindungen an alte Freundinnen aufgeben, um ganz für den Bekanntenkreis der Ehemänner zur Verfügung zu stehen. Selbst wenn die Ehemänner das nicht fordern oder erwarten, ergibt es sich faktisch dennoch aus der räumlichen Mobilität, da die Frau den geographischen Bereich verlässt, in dem sie aufgewachsen ist. Die Art der Ausgestaltung des Privatbereichs muss danach unterschieden werden, ob für den Mann wie für die Frau außerhalb von Ehe und Familie noch andere soziale Gruppen bestehen, in denen der einzelne als ganze Person Mitglied ist, in denen er in seiner Identität als Mann oder als Frau gestützt wird und in denen insgesamt seine persönliche Einzigartigkeit auch emotional bestätigt wird einerseits, oder ob andererseits außerhalb der Ehe keinerlei vergleichbare Kontakte unterhalten werden. Für die Beurteilung der Angleichung der Rollen von Mann und Frau in der Ehe ist diese Unterscheidung der Ausgestaltung des Privatbereichs von großer Bedeutung.

---

[67] Vgl. hier S. 53

Bei Eheleuten, für die sich der Privatbereich auf Ehe reduziert hat, ist offenbar die emotionale Stabilisierung nicht mehr arbeitsteilig möglich, d.h. es geht nicht an, dass immer nur einer der beiden Partner bei dem anderen Trost und Ermutigung sucht, während jener keine personale Kraftquelle finden kann. Um zu vermeiden, dass eines Tages einer der beiden Partner emotional erschöpft aufgibt, muss offenbar zwischen beiden gewechselt werden können. Dieses Bedürfnis nach Rollenwechsel bringt aber mit sich die Tendenz zur inhaltlichen Angleichung der Rollen.

Soll erreicht werden, dass die Eheleute abwechselnd beieinander Trost und Ermutigung finden, dass sie wechselseitig einander erklären können, welch einmalige und hervorragende Persönlichkeiten sie sind, dann kann nicht einer grundsätzlich immer als der Überlegenere gelten. Mit der Reduzierung des Privatbereichs auf Ehe wächst die Bedeutung der Aufgabe der Eheleute, einander ihre personale Identität zu bestätigen, und damit nimmt der Druck in Richtung auf eine Angleichung der Rollen von Mann und Frau zu. Je stärker dagegen beide Ehepartner Privatkontakte insbesondere zu etwa gleichaltrigen Fremden des gleichen Geschlechts neben der Ehe unterhalten, desto weniger lastet das Problem der Identitätssicherung auf der Ehe allein und desto unterschiedlicher können die Rollen von Mann und Frau in der Ehe ausgestaltet sein.

Die soziologische Theorie der Primärsozialisation gebt davon aus, dass das kleine Kind schon sehr früh lernen muss, ob es männlich oder weiblich ist. Wir führen an dieser Stelle die These ein, dass die Angleichung der Geschlechtsrollen in der Ehe die geschlechtsspezifische Sozialisation von kleinen Kindern erschwert, weil die geschlechtsspezifischen Merkmale einer Frau oder eines Mannes an den Eltern dann schwerer zu erkennen sind. Daraus entsteht eine allgemeine Unsicherheit bei jungen Menschen, was als typisch männlich und was als charakteristisch weiblich im Sozialverhalten zu gelten hat. Vor dem Hintergrund dieser These können wir für die Zukunft eine Polarisierung in zwei verschiedene Ehetypen prognostizieren:[68]

a) Es wird einen Partnerschaftsehetyp geben mit weitgehender Angleichung der Rollen von Mann und Frau und der Tendenz zur Kinderlosigkeit, und

b) es wird einen eher konservativen Ehetyp geben mit traditioneller Geschlechtsrollendifferenzierung und drei oder mehr Kindern.[69]

Voraussetzung für gelungene Interaktion in einer Familie nach Typ b) wäre dann aber die Mitgliedschaft der Ehepartner in intensiven Privatgruppen, denen sie außerhalb von Ehe und Familie angehören. Für die erste Alternative spricht die Beobachtung, dass viele junge Menschen das Problem der Sicherung ihrer personalen Identität in Partnerschaften erfolgreich lösen, indem sie unter weitgehender Angleichung der Geschlechtsrollen, vielfach ohne die Kirche oder auch nur das Standesamt zu bemühen, paarweise zusammenwohnen. (Außenseiter zu zweit, matristisches Modell)

Für die zweite Alternative spricht die Neigung und Fähigkeit vieler verheirateter Frauen, eine bewusste und intensive Ausweitung der Familienbeziehungen auf ihre Eltern und Schwiegereltern, enge Freundeskreise aus Angehörigen des gleichen Geschlechts und andere Personalkontakte zu betreiben, um so die Sicherung der personalen Identität als

---

[68] Vgl. hier S. 56

[69] H. J. Helle, Ehe und Elternschaft als Alternativen? in: Partnerberatung, 145. Jg. (1977), Heft 3, S. 153-155

Frau auch bei der traditionell patristischen Ausgestaltung der Geschlechtsrollen zu ermöglichen, um dazu von ihrem Ehepartner einigermaßen unabhängig zu bleiben und so zugleich eine erfolgreiche Bewältigung der Rollen von Ehefrau und Mutter zu gewährleisten.

3. Alternative Grundmodelle für Wertvermittlung

Das mit der Universität Hamburg eng zusammenarbeitende Max-Planck-Institut für Ausländisches und Internationales Privatrecht in Hamburg hat ermittelt, dass in der Bundesrepublik Deutschland und in West-Berlin im Jahre 1977 etwa 600 000 Mütter ihre Kinder allein erziehen. Dem stehen 70 000 Väter gegenüber, die ebenfalls ihre Kinder allein erziehen.[70] Welchen Anteil stellen diese unvollständigen Familien dar? Im Jahre 1977 gab es in der Bundesrepublik 24,1 Millionen Privathaushalte. Davon waren 7 Millionen Einpersonenhaushalte. Subtrahiert man die 7 von den 24 Millionen, so bleiben 17 Millionen Mehrpersonenhaushalte übrig. Zu diesen 17 Millionen gehören die erwähnten 600 000 Mütter und 70 000 Väter mit zusammen etwa 1,2 Millionen Kindern unter 18 Jahren.[71]

Für die Grundmodelle, die jene 1,2 Millionen junger Menschen als Fundamente für Wertvermittlung erleben, ist die Tatsache, dass ein Elternteil allein sie erzieht, wenig aussagefähig. Es käme darauf an, zu wissen, ob etwa ein verwitweter Elternteil den verstorbenen in seiner Erziehung der Kinder lebendig werden lässt, die Kinder lehrt, sich an ihm zu orientieren, obwohl er körperlich nicht mehr gegenwärtig ist, oder ob versucht wird, den abwesenden Elternteil zu vergessen oder gar herabzusetzen. Wie der Leser

---

[70] Tageszeitung DIE WELT, Nr. 166 vom 20.7.78: "Ist die Frau allein, zieht sie in die Stadt"
[71] Der Spiegel, Nr. 25 vom 19.6.78, S. 68

vermuten kann, gibt es zu diesen wichtigen Fragen überhaupt keine Daten. Wir wissen nur, dass von den 600 000 allein erziehenden Müttern 280 000 verwitwet und 220 000 geschieden sind. Unter den übrigen sind natürlich ledige Mütter, aber auch getrennt lebende.

Interessant es nun bei den Ergebnissen der Hamburger Untersuchung, dass verwitwete Mütter und geschiedene Väter mit ihren Kindern gern in Kleinstädten und Dörfern wohnen, während geschiedene und ledige Mütter am liebsten in der Stadt wohnen. Diese Frauen, die keine glückliche Bindung an den Vater ihrer Kinder haben, geben als Grund für ihre Vorliebe für die Stadt an, dass sie dort "ein vorurteilsfreies Klima" antreffen.[72]

Was hier als "vorurteilsfreies Klima" bezeichnet wird, erscheint in der Repräsentativbefragung in einem etwas anderen Bild, die von den deutschen Bischöfen im März 1977 beim EMNID-Institut veranlasst worden war.[73] Dabei wurde gefragt: "Legen Sie Wert auf einen Kontakt Ihrer Familie zur kirchlichen Gemeinde?" In Orten mit bis zu 10 000 Einwohnern antworteten 46% der Befragten mit "ja", in Orten mit mehr als einer halben Million Einwohner sagten nur noch 26% "ja".

Es könnte also sein - und wäre wohl wert, genau untersucht zu werden - dass geschiedene Väter mit ihren Kindern in größerer Nähe zur Kirche leben als geschiedene und ledige Mütter, die ihre Kinder allein erziehen.

In der genannten EMNID-Umfrage vom März 1977, die repräsentativ ist für die Westdeutschen, die verheiratet sind

---

[72] DIE WELT a.a.O.
[73] EMNID-Institut, "Ehe und Familie 1977", im Auftrage des Kommissariats der Katholischen Bischöfe", 4 Bände, Bielefeld, März 1977, Tabelle 124

oder es waren und mit dem Ehepartner oder mindestens einem Kind oder beiden zusammenleben, wurde auch um Stellungnahme zu dem Satz gebeten: "Eine volle geschlechtliche Beziehung zwischen Mann und Frau setzt eine gültige Ehe voraus." Diesem Satz stimmen nach der Umfrage 54% zu, 44% stimmen ihr nicht zu. Die Zustimmung, die mit 54% immerhin noch die deutliche Mehrheit der Bevölkerung darstellt, sinkt allerdings auf 36% bei den noch nicht 30jährigen Befragten. Daher das eigentlich bedeutsame Resultat sehe ich darin, Dass bei der Oberschicht (ganz ähnlich wie bei den noch nicht 30jährigen) nur 37% zustimmen, bei der Unterschicht mit nur Volksschule und keiner Fachausbildung jedoch 56%.[74] Leider enthält die Umfrage, die die Bischöfe in Auftrag gegeben haben, keine Hinweise darüber, wie matristische und patristische Tendenzen auf die verschiedenen sozialen Schichten verteilt sind. Obwohl also brauchbare empirische Forschungsergebnisse nicht greifbar sind, kann man doch beobachten, dass die volle Geschlechtsgemeinschaft von Mann und Frau ohne Trauung oder auch, ohne dass auf Jahre hinaus Kinder gewollt würden, häufiger bei Personen mit Abitur als bei solchen ohne Abitur vorkommt. In den Bevölkerungskreisen, die ein Gymnasium abgeschlossen haben, ist freilich auch die Vertrautheit mit den Arbeiten jener Autoren größer, die matristische Paradiesvorstellungen propagieren.

Falls sich die Befürchtung bestätigen ließe, dass wir in einer Gesellschaft leben, in der man sich als Angehöriger der gebildeten Schicht dadurch ausweist, dass man als Christ seinen Gott zwar noch als Vater bezeichnet, ihn sich aber nicht mehr als Vater vorstellt, dass man im Umkreis von Sexualität, Ehe und Familie christliche Werte als ein

---

[74] Ebd. Tabelle 126

kindliches Denken gern hinter sich lässt zugunsten matri-
stisch-materialistischer Modelle aus der Südsee und der
Steinzeit, dann allerdings ebnen Gymnasium, Abitur, Matura
und Studium den Weg für den sozialen Aufstieg zum Un-
glauben.

4. Stufenmodell und Teilkulturen

Wir hatten uns im ersten Teil I,2 und I,3 ein Stufenmodell der
Entwicklung der Familie erarbeitet. Danach bildeten sich die
beiden untersten Stufen - zunächst die Institutionalisierung
der Mutter-Kind-Gemeinschaft, sodann die Familialisierung
des Mannes als Sexualpartner der Mutter - in der
matristischen Kultur. Darauf wurde die dritte Stufe errichtet,
die wir als Einsetzung des Mannes als Vater bezeichnet
hatten. Sie fällt zeitlich mit der vorchristlich-patristischen
Kultur zusammen. Mit der Einsetzung des Eigenwerts der
Ehe als vierter und höchster Stufe schließt in christlicher Zeit
die Entwicklung der Familie selbst ab, obwohl die christliche
Ausweitung der Familie auf fiktive Verwandtschaft wiederum
Rückwirkungen für die Familie hat.

In den Industriegesellschaften der Gegenwart treten nun
diese vier Stufen nicht nur als integrierte Bestandteile
christlicher Familien in unlösbarer Verbindung miteinander
auf, sondern sie sind auch als verselbständigte Modelle
nebeneinander nachweisbar. Es gibt heute die uneheliche
Mutter, die ganz bewusst mit voller Absicht den Weg in die
ehelose Mutterschaft geht. Dies entspricht der untersten
Stufe unseres Modells. Von der Zahl her ist diese Rück-
bildung zur Mutter-Kind-Gemeinschaft des Matrismus wohl
noch nicht sehr weit verbreitet. Bewertet wird dies frauliche
Verhalten aber bei vielen Intellektuellen als mutig und mo-
dern.

Stufe zwei trifft man auf breiterer Front an. Der Mann wird als Partner der Frau dem Haushalt nur "anfamilialisiert". Er macht sich den Haushalt nicht zu eigen, überlässt ihn der Frau, besucht ihn als Refugium und begnügt sich damit, Partner der Frau zu sein. Der Schwerpunkt seiner kreativen Existenz liegt aber außerhalb dieses Haushaltes, wie bei dem Trobriander, der für seine Schwester und deren Kinder arbeitet.

Stufe drei ist der Patriarch, der sich auf das Alte Testament beruft oder auch wie Zeus die Blitze schleudert, bis zu dem es sich aber nicht herumgesprochen hat, dass Christus seitdem etwas Zusätzliches vorzutragen hatte. Der Vater dieser Stufe kann sich nicht vorstellen, dass er seine Autorität wirksamer begründen konnte als durch die Forderung nach sofortigem und bedingungslosem Gehorsam. Doch dieser Typ ist selten geworden. Er liefert dennoch den Stoff für die Vorwürfe der politischen Frauenbewegung. So bietet der Rückfall in die patriarchalische Variante des Patrismus das Argument für den noch weiteren Rückfall in den Matrismus.

Früher warnte die Kirche vor konfessionsverschiedenen Mischehen. Heute übersieht sie die Problematik der kulturverschiedenen Mischehen. Ein Christ sollte seinen Ehepartner nicht aus dem Bereich des Patriarchalismus oder gar des Matrismus wählen. Der Kulturkonflikt muss sonst als Konflikt zwischen Ehepartnern ausgetragen werden. Das ist in jedem Fall eine höchst bedenkliche Belastung für die Kinder und kann sogar verhindern, dass eine gültige Ehe überhaupt zustande kommt.

5. "Zeig uns den Vater'"

Nach Ansicht des bedeutenden deutschen Rechtsgelehrten Josef Isensee[75] hätte Jesus als Frau zur Welt kommen können, ohne dass die Heilsgeschichte deshalb anders verlaufen wäre. Er kritisiert das Konzept dieser Abhandlung insbesondere mit dem Hinweis, schon bei Platon sei die Zweiteilung menschlicher Existenz in männlich und weiblich Ausdruck der Unvollkommenheit. Dieses Prinzip der Unvollkommenheit dürfe man nun nicht auf Gott übertragen, der unvorstellbar vollkommen sei. Daher lehne er unsere wörtliche Bestimmung von Gott als Vater und Sohn ab. Er gestehe zu, dass im Falle der Fleischwerdung des Wortes als Frau zwar die Sozialgeschichte anders verlaufen wäre, nicht jedoch die Heilsgeschichte. Dazu ist Folgendes zu sagen:

1) Die Formulierung "Jesus hätte als Frau zur Welt kommen können" enthält für uns tröstlich das Anerkenntnis, dass er als Mann zur Welt gekommen ist. Darüber wenigstens besteht kein Streit.

2) Der Hinweis auf Platon kann nicht überzeugen, denn der war nicht Christ, lebte zu früh, als dass er das Evangelium hätte kennen können.

3) Das Zugeständnis, dass die Sozialgeschichte anders verlaufen wäre, wenn das Wort als Frau Fleisch geworden wäre, reicht uns aus; denn Gott ist der Herr der Geschichte insgesamt, also auch der Sozialgeschichte, und er hat eben gewollt, dass die Geschichte so verläuft, wie sie seit Jesu Geburt verlaufen ist, nicht in den sündhaften Einzelheiten natürlich, wohl aber in den patristischen Grundstrukturen.

---

[75] Es handelt sich um seine mir gegenüber mündlich formulierte Ansicht.

4) Gott hat den Menschen vor dem Sündenfall als Mann und Frau geschaffen! Daher können wir in dieser Polarität menschlichen Seins nicht den Ausdruck der Unvollkommenheit sehen. Für mich verwirklicht sich vollendetes Menschsein in vollendetem Frausein und in vollendetem Mannsein. Ich kann Maria nicht unvollkommen finden, nur weil sie weiblich, Jesus nicht unvollkommen finden, nur weil er männlich ist! Beide sind vollkommene Menschen und zugleich Frau und Mann, Jesus ist außerdem Gott.

Von Jesus schreibt Joseph Ratzinger: "Einerseits nennt dieser Mensch Gott seinen Vater, spricht zu ihm als einem Du, das ihm gegenübersteht; wenn das nicht leeres Theater sein soll, sondern Wahrheit, wie sie allein Gottes würdig ist, muss er also ein anderer sein als dieser Vater, zu dem er spricht und zu dem wir sprechen... Das aber bedeutet, dass Gott mir hier nicht als Vater, sondern als Sohn und als mein Bruder begegnet...".[76] Soweit zur Männlichkeit. Nun zur weiblichen Seite unseres Glaubens. Ratzinger schreibt: "Das seinem Sinn nach völlig eindeutige Bekenntnis zur Geburt Jesu aus der Jungfrau gehört von Anfang an fest zu allen Symbola und ist damit Bestandteil des kirchlichen Urdogmas."[77] (32) Der Mensch Jesus entspringt also nicht dem Willen eines Mannes, sondern dem Gehorsam einer Frau.

Wenn Frauen sich darüber grämen, dass ihnen männliche Eigenschaften fehlen, und wir Männer uns selbst bemitleiden, dass wir nicht weiblicher sind, dann können wir keine mündige Christen sein, dann bleiben wir unmündige Kinder im Herzen, lauter kleine Neutra.

---

[76] J. Ratzinger, Einführung in das Christentum, München, 3. Auflage, 1968, S. 126
[77] Ebd., Anmerkung auf S. 229

Als in der Nationalversammlung Frankreichs ein Abgeord-
neter für die Gleichberechtigung von Mann und Frau damit
argumentieren wollte, dass doch nur ein so kleiner Unterschied zwischen beiden bestehe, soll ein anderer Parla-
mentarier gerufen haben: "Vive la difference"! Ziel einer
jeden christlichen Erziehung muss es sein, dass jeder Junge
froh ist, männlich zu sein, und dass jedes Mädchen froh ist,
weiblich zu sein.

Zitierte Publikationen:

Bolte, K. M., Deutsche Gesellschaft im Wandel, Bd. 1, Opladen 1966

Der Spiegel, Nr. 25 vom 19.6.78, 68

DIE WELT, Geburten in der Bundesrepublik Deutschland auf 1000 Einwohner: 1963: 18,3; 1977: 9,5. Todesfälle auf 1000 Einwohner: 1977: 11,9. Vgl. Tageszeitung DIE WELT Nr. 169 vom 24.7.7B: "Das neue Zauberwort heißt 'abkindern'"

DIE WELT, Nr. 166 vom 20.7.78: "Ist die Frau allein, zieht sie in die Stadt"

Dunckelmann, H., Die erwerbstätige Ehefrau im Spannungsfeld von Beruf und Konsum, Tübingen 1961

EMNID-Institut, "Ehe und Familie 1977", im Auftrage des Kommissariats der Katholischen Bischöfe", 4 Bände, Bielefeld, März 1977, Tabelle 124

Helle, H. J., Martin Luther King - König nicht von dieser Welt, in: O. Betz, L. Zinke (Hg.), Aufbruch von links, München 1969, S. 139

Helle, H. J., Familie Zwischen Bibel und Kinsey-Report, Osnabrück 1974

Helle, H. J., Jugend - Familie - Sexualität, in: R. Bleistein (Hg.), Kirchliche Jugendarbeit Düsseldorf 1976

Helle, H. J., Ehe und Elternschaft als Alternativen? in: Partnerberatung, 145. Jg. (1977), Heft 3, S.153-155

Koppers, W., Artikel "Ehe und Familie" in: A. Vierkandt, A. (Hg.), Handwörterbuch der Soziologie, Stuttgart 1931, S. 112-122

Lee, P. C., Anthropology and Sex Differences, in: Ders. und R Sussman Stewart (Hg.) Sex Differences, Cultural and Developmental Dimensions New York 1976, S. 154

Malinowski, B., Das Geschlechtsleben der Wilden in Nordwest-Melanesien, Leipzig und Zürich, ohne Jahr.

Malinowski, B., Sex and Repression in Savage Society, London 1927, S. 8-13 und S. 74-82, nachgedruckt in: P.C. Lee and P. Sussman Stewart (Hg.), a.a.O. S. 163. Vgl. auch: B. Malinowski, The Father in Primitive Psychology, 1927

Malinowski, B., Sex and Repression in Savage Society, zitiert nach C. Lee und R. Sussman Stewart (Hg.), a.a.O.

Messelken, K., Inszesttabu und Heiratschancen, Stuttgart 1974

Ratzinger, J., Einführung in das Christentum, München, 3. Auflage, 1968

Ratzinger, J., Zur Frage der Unauflöslichkeit der Ehe, in: F. Henrich und V. Eid (Hg.), Ehe und Ehescheidung, München 1972

Reich, Wilhelm, Einbruch der Sexualmoral, Raubdruck 1970 (Original 1931)

Salomon, S., The Varied Groups of Japanese and German Housewives, in: The Japan Interpreter, 1975/76, S.151-170

Schöpfungsmythen, Die: Ägypter, Sumerer, Hurriter, Hethiter, Kanaaniter und Israeliten, mit einem Vorwort von Mircea Eliade, Darmstadt 1977

Schnackenburg, R., Die Ehe nach der Weisung Jesu, in: F. Henrich und V. Eid (Hg.), Ehe und Ehescheidung, München 1972

Statistisches Jahrbuch der Bundesrepublik Deutschland 1973

Unterste, H., Theologische Aspekte der Tiefenpsychologie von C.G. Jung, Düsseldorf 1977

Familien, Kulturtypen und Wertsysteme 1980

1. Zur politischen Relevanz der Themenstellung

"Jeder hat das Recht auf die freie Entfaltung seiner Persönlichkeit, soweit er nicht die Rechte anderer verletzt und nicht gegen die verfassungsmäßige Ordnung oder das Sittengesetz verstößt."[78] Dieser erste Absatz von Art. 2 des Grundgesetzes (GG) enthält eine verfassungsrechtliche Aussage von höchster politischer Brisanz. Die Proklamation eines Rechts auf die freie Entfaltung der Persönlichkeit nützt nämlich dem einzelnen Staatsbürger gar nichts, wenn er keine Chance hat, sich dauerhaft mit anderen zu verbinden, die ihm bei der Entfaltung seiner Persönlichkeit behilflich sind. Eine solche Mitwirkung des einen bei der Entfaltung der Persönlichkeit des anderen geschieht nicht nur, aber doch vor allem in Familien.

Niemand kann sich die Familie aussuchen, deren Mitglied er bei Beginn seines Lebens durch Geburt oder Adoption wird. Das Kind oder der junge Mensch hat kaum Einfluss darauf, ob die Ehe seiner Eltern gelingt und ob in seiner Herkunftsfamilie eine Atmosphäre von Sicherheit und Selbstbewusstsein oder eine von Furcht und Minderwertigkeitsgefühl vorherrscht. Dennoch wird die Situation im Elternhaus oder in dem, was im Falle eines Scheiterns der Ehe davon übrigbleibt, für die Entfaltung der Persönlichkeit des Kindes zur entscheidenden Voraussetzung. Darum ist das im GG formulierte Recht auf freie Persönlichkeitsentfaltung nicht ablösbar von dem Recht, in gelungenen und glücklichen Familienverhältnissen zu leben.

Selbstverständlich kann und darf die Familie keine Einrichtung des Staates sein. Im Gegenteil, die Privatsphäre des

---

Staatsbürgers muss vor möglichen Eingriffen der Öffentlichkeit und der Politik besonders sorgfältig geschützt werden. Darum ist es auch undenkbar, dass etwa staatliche Maßnahmen unmittelbar zur Schaffung gelungener Familienverhältnisse eingesetzt werden. Und doch erkennt der Gesetzgeber des GG ausdrücklich die Notwendigkeit an, einen besonderen Schutz des Staates für Ehe und Familie vorzusehen. Der erste Absatz des Art. 6 GG lautet: "Ehe und Familie stehen unter dem besonderen Schutze der staatlichen Ordnung."[79] Demnach muss also in allen auf dem Boden des GG stehenden Parteien eine Politik betrieben werden, die nicht nur dem Schutze schlechthin, sondern dem besonderen Schutze von Ehe und Familie dient.

Was unter Ehe und Familie zu verstehen ist, setzt der Grundgesetzgeber als bekannt voraus. Das konnte er mit gutem Grund tun; denn kurz nach dem Ende des zweiten Weltkrieges hatte jeder Staatsbürger in Deutschland vor Augen, wie in der Zeit der Kriegs- und Nachkriegskatastrophe alle anderen Ordnungen menschlichen Miteinanders zusammengebrochen waren und nur die Familie als einzig verlässliche Institution übrigblieb, die den Angst und Not bedrängten Menschen stützen könnte. Außerdem herrschte zur Zeit des Inkrafttretens der Verfassung weitgehende Übereinstimmung darüber, dass nach der Überwindung des nationalsozialistischen Atheismus mit seinen Rückfällen in barbarische Atavismen die christlich-abendländische Kultur wieder zur ideellen Orientierung freiheitlicher Politik werden musste. Der Verfassungsgeber wusste, dass die Weitergabe dieser Kultur entweder in Familien oder gar nicht erfolgte. Sein in Art.6 festgehaltener Schutzauftrag darf daher nicht verkürzt werden auf sozial-, wirtschafts-

---

[79] Ebd., Art. 6

oder "gesellschaftspolitische" Aufgaben, sondern er sollte auch daraufhin befragt werden, ob er nicht eine staatliche Parteinahme zugunsten dieser Kultur darstellt.

Doch damit ergibt sich das Problem des Pluralismus der Wertsysteme. Art.4 GG garantiert "die Freiheit des religiösen und weltanschaulichen Bekenntnisses"[80] und folglich das gleichberechtigte Nebeneinander verschiedener Wertsysteme. Je erfolgreicher die Bundesrepublik Deutschland in der Nachkriegszeit ihre materiellen Nöte beseitigte, desto mehr verschob sich der Schwerpunkt politischer Auseinandersetzung von wirtschaftlichen zu bekenntnisbezogenen Fragen, besonders in jenen Schichten der Bevölkerung, die schon einen gehobenen Lebensstandard erringen konnte und sich dem Kreis der "Intellektuellen" zurechneten. So ging die Übereinstimmung der ideellen Orientierung schrittweise verloren, was unter Ehe und Familie im Idealfall zu verstehen sei, wurde unklar.

Das Problem des Pluralismus der Wertsysteme wird hier und da zum Thema sozialwissenschaftlicher Literatur, bleibt aber politisch gänzlich unbewältigt, da generell in der Parteipolitik die Fiktion der Kultureinheit auf der Grundlage des GG aufrechterhalten wird. Doch der Vorwurf einer Verschleierung zunehmender Differenzen innerhalb fundamentaler Wertüberzeugungen unserer Gesellschaft darf nicht nur der Politik gemacht werden. Auch sozialwissenschaftliche Abhandlungen versäumen es, deutlich zu machen, dass dem Nebeneinander verschiedener Wertsysteme ein Nebeneinander verschiedener Familientypen entspricht.

Der ungerechtfertigten Fiktion von der Einheitlichkeit der industriegesellschaftlichen oder gar von der universalen

---

Kernfamilie aus Vater, Mutter und ein oder zwei Kindern liegt offenbar unausgesprochen die Annahme zugrunde, Familie sei ein neutrales Medium, das sich dazu eignet, nahezu beliebige Wertvorstellungen an die nächste Generation weiterzuvermitteln. Tatsächlich repräsentiert aber Familie in ihrem Umgangsstil konkrete Wertvorstellungen, selbst wenn das den Beteiligten nicht bewusst ist. Im alltäglichen Miteinander in der Familie werden Werte vorgelebt und mit solcher Intensität im Handeln vertreten, dass die Möglichkeit, in intellektueller und verbaler Kommunikation andere Werte zu bekennen, nahezu ausgeschlossen werden kann. Freilich trifft die empirische Sozialforschung Familien an, in denen mit großer Anstrengung versucht wird, intellektuell andere Werte zu vertreten als die im Alltag spontan vorgelebten. Solche Familien leiden jedoch sowohl als Ganzes als auch in ihren einzelnen Mitgliedern an der inneren Widersprüchlichkeit und Unglaubwürdigkeit, die sich aus dem Gegeneinander von Wort und Tat ergeben.

Die Desorientierung der Bürger unseres Staates über das Nebeneinander alternativer Wertorientierungen muss also als mögliche Quelle für Probleme und Verfallserscheinungen im Bereich von Ehe und Familie untersucht werden. Da der Mensch in seinem Handeln unfrei bleibt, solange er selbst nicht durchschaut, was er tut, ist es ein bedeutender Auftrag der sozialwissenschaftlichen Forschung und der politischen Bildung, dem Staatsbürger und besonders dem jungen Menschen in der Lebensphase vor Partnerwahl und Familiengründung dabei zu helfen, dass er die wechselseitige Bedingtheit von Wertsystem als religiösem oder weltanschaulichem Bekenntnis einerseits und Familientyp andererseits erkennt. Die folgenden Ausführungen sollen dem Ziele dienen, deutlich zu machen, dass Unterschiede im Stil des Miteinanders in Familien nicht nur eine Frage des individuellen Geschmacks der beteiligten Personen zu sein brauchen, sondern ein Hinweis auf die Teilhabe an dieser oder jener Teilkultur unserer Gesellschaft sein können. Kriterium für die Unterscheidung der Teilkulturen mit voneinander abweichenden Wertvorstellungen wird das jeweilige Verständnis von Verwandtschaft sein, also die Frage ob überhaupt und aufgrund wovon Personen einander als Verwandte ansehen. Da Verwandtschaft als Modell für Mitmenschlichkeit überhaupt große Bedeutung hat, werden empirische Daten, die im Anschluss an die im folgenden entwickelten Konzepte erhoben werden könnten, auch für die langfristige Prognose des politischen Verhaltens der Bürger von Bedeutung sein.

2. Abstammungsordnungen als Kulturtypen

2.1. Verwandtschaft in der Industriegesellschaft

Im Laufe des letzten Jahrzehnts hat sich in der Bundesrepublik Deutschland ein kaum bemerkter Wandel im Verständnis von Verwandtschaft vollzogen. Zur Illustration können die folgenden beiden Fallbeispiele dienen:

Birgit: Die 20jährige Birgit wohnt am Rande einer norddeutschen Großstadt in einem kleinen Einzelhaus mit ihren Eltern und ihrer jüngeren Schwester. Von ihrem Freund, einem jungen italienischen Gastarbeiter, hat sie einen Sohn, der einige Monate alt ist. Verheiratet sind Birgit und ihr italienischer Freund nicht. Gegen den schwächer werdenden Widerstand von Birgits Vater haben Birgit und ihre Mutter es durchgesetzt, dass der junge Italiener ebenfalls im Hause von Birgits Eltern wohnt.

Gerda: Die 25jährige Gerda studiert in einer süddeutschen Großstadt und erwartet ein Kind von einem um zehn Jahre älteren Musiker. Der Musiker verlangt eine Abtreibung, in die Gerda zunächst auch einwilligt. Ein Gespräch mit einer religiös engagierten Freundin stimmt Gerda dann jedoch um, und sie beschließt gegen den erbitterten Widerstand des Musikers, das Kind zur Welt zu bringen. Sie findet Verständnis und Unterstützung bei ihrer geschiedenen Mutter und bei ihren ebenfalls erwachsenen Geschwistern. Ihr um zwei Jahre jüngerer Bruder, der auch studiert, zieht mit Gerda zusammen in eine kleine Wohnung, und Bruder und Schwester bereiten sich gemeinsam auf die Geburt und Betreuung des Kindes vor.

Birgit und Gerda sind bzw. werden Mütter. Sie genießen daher rechtlich den besonderen Schutz des Grundgesetzes. Art.4 GG garantiert in seinem Abs.4 jeder Mutter "den Schutz und die Fürsorge der Gemeinschaft", und Abs. 5 verpflichtet die Gesetzgebung, den unehelichen Kindern "die gleichen Bedingungen für ihre leibliche und seelische Entwicklung und die Stellung in der Gesellschaft zu schaffen wie den ehelichen Kindern."[81]

In unseren beiden Fallbeispielen geht es um uneheliche Kinder. Sie werden es verhältnismäßig gut haben: Birgits kleiner Sohn lebt in der Geborgenheit des kleinen Einzelhauses, in dem selbst sein italienischer Vater mindestens vorläufig als Gast wohnt. Wenn Gerdas Kind zur Welt kommt, wird es von Gerda und ihrem Bruder umsorgt und wird vielleicht aus Freude über den liebevollen Onkel den Vater gar nicht vermissen. Hier soll zunächst nicht nach sozialen Problemen gesucht werden, obwohl die gewiss auch diskutiert werden müssen, sondern es soll die Frage

---

[81] Ebd., Art. 4

gestellt werden: Mit wem sind diese beiden unehelichen Kinder eigentlich verwandt?

Selbstverständlich steht fest, dass sowohl Birgits als auch Gerdas Kind mit ihrer Mutter verwandt sein werden. Die Bindung zwischen leiblicher Mutter und leiblichem Kind stellt gleichsam die innerste Zone des jeweiligen Familientyps dar. Doch um dieses Zentrum herum, das aus Mutter und Kind besteht, legen verschiedene Kulturen unterschiedliche konzentrische Kreise.

Bezogen auf die Beispiele, lässt sich die Frage stellen, wie es z.B. mit der Verwandtschaft zwischen Neugeborenem und dessen Großeltern aussieht. Birgits kleiner Sohn hat in seiner Nähe die Großeltern mütterlicherseits, bei denen er aufwächst, und er hat mindestens theoretisch irgendwo in Italien Großeltern väterlicherseits. Ob die den kleinen Norddeutschen jemals kennenlernen und ob sie dann ihren Enkel auch anerkennen werden, ist durchaus ungewiss. Da Birgit und ihr Freund nicht verheiratet sind, erhält der Kleine den Familiennamen seiner Mutter und wird dadurch sichtbar Mitglied von Birgits Familie. Er wird aber vermutlich nicht Mitglied der Familie seines Vaters, des jungen Italieners.

Im Falle der 25jährigen Gerda ist es ganz offenkundig, dass das neugeborene Kind der Familie seines Erzeugers nicht angehören wird. Gerda steht es rechtlich sogar frei, bei der Geburt den Namen des Vaters gänzlich ungenannt zu lassen, so dass der Musiker in den Personalpapieren gar nicht mit seinem Namen auftaucht. Wenn unsere Rechtsordnung die Möglichkeit offenhält, dass ein Kind den Namen seines Erzeugers niemals erfährt, dass in seiner Geburtsurkunde nur die Mutter genannt ist, dann folgt daraus selbstverständlich, dass unter uns Mitbürger leben, die nur

Verwandte mütterlicherseits, jedoch keine Verwandten väterlicherseits haben.

Dazu kommt es nicht nur durch uneheliche Geburten, also
weil eine Ehe gar nicht erst bestanden hat, sondern auch
durch das nachträgliche Entfallen einer Ehe, durch Ehescheidung. Meistens bleiben kleinere Kinder nach eines
Scheidung bei der Mutter, so dass die verwandtschaftlichen
Bindungen zur Familie des Vaters problematisch werden
oder gar verloren gehen können. In den sehr häufigen Fällen
der Wiederverheiratung wäre im Einzelnen zu prüfen, ob es
zu verwandtschaftlichen Bindungen an die Familien beider
Eheleute für die Kinder kommt oder nicht.

Aussagefähige Daten *zur Frage der Verwandtschaft* in der
Bundesrepublik Deutschland fehlen hier so gut wie völlig. Da
wir aber seit 1975 jährlich mit mehr als 100 000
Ehescheidungen zu rechnen haben und da bei uns mehr als
600 000 alleinerziehende Mütter gezählt werden, die ohne
Mitwirkung eines Mannes ihr Kind oder ihre Kinder betreuen,
und da diese Zahlen zu- und nicht abnehmen, ist folgende
Aussage vertretbar: Ein beachtlicher und ständig zunehmender Teil unserer Bevölkerung hat nur Verwandte mütterlicherseits, nicht jedoch Verwandte väterlicherseits als ihnen
tatsächlich nahestehende Personen. Zu diesem Kreis gehören auch die Kinder von Birgit und Gerda.

Aus den Beschreibungen von Eingeborenenkulturen, die
uns von Ethnologen als Forschungsergebnisse der Völkerkunde zugänglich gemacht worden sind, kennen wir den Typ
einer Abstammungsordnung, die es als normal und einzig
richtig vorsieht, dass jeder nur mit demjenigen verwandt ist,
der dieselbe Mutter hat wie er, der dieselbe Großmutter
mütterlicherseits hat wie er und so weiter. In solchen Kulturen gelten Personen nach ihrer Abstammung in mütterlicher

Linie als verwandt. In der Fachsprache der Völkerkunde wird dieser Typ einer Abstammungsordnung als matrilinear bezeichnet, weil dort die mütterliche Linie über das Verwandtschaftsverhältnis entscheidet. Unsere Fallbeispiele Birgit und Gerda, die nicht aus einer Eingeborenenkultur kommen, auch nicht aus der freien Phantasie, sondern aus der Industriegesellschaft der Bundesrepublik Deutschland, sind darum interessant, weil sich in ihnen die Entstehung einer matrilinearen Abstammungsordnung für die beiden betroffenen Familien abzeichnet, obwohl dies der Tradition der christlich-abendländischen Kultur keineswegs entspricht.

Die modernen Industriegesellschaften stimmen darin überein, dass sie sich auf der Grundlage einer Abstammungsordnung entwickelt haben, nach der jeder einzelne als Verwandter sowohl der Eltern und Geschwister seiner Mutter als auch der Eltern und Geschwister seines Vaters gilt. Die Eltern und Geschwister von Vater und Mutter werden für das Kind zu Großeltern, Onkel und Tanten. Hinzu kommen im weiteren Bereich der Familie noch Urgroßeltern, Großonkel, Großtanten, Vettern und Cousinen. Der neugeborene Mensch tritt nach dem traditionellen Verwandtschaftsverständnis des christlichen Abendlandes bei seiner Geburt in eine zweifache Abstammungsordnung ein: Er wird von Anfang an Vollmitglied sowohl der Vaterfamilie als auch der Familie seiner Mutter. Diese Abstammungsordnung nennt die Fachsprache die *bilaterale.*

Zwar gab es in der bürgerlichen Kultur der Vergangenheit Nuancen in der Frage, welche Linie für welches Geschlecht den Vorrang hatte: Der männliche Nachkomme setzte den Namen, in der Regel auch den Stand und Beruf seiner Vorfahren in väterlicher Linie fort, die Tochter erhielt Aussteuer und Hausgerät in der Linie der eigenen Mutter, und bei kostbaren hausgemachten Textilien fand man das Monogramm des Mutternamens eingestickt. Doch das änderte nichts an dem Grundsatz, dass sich mit der Eheschließung nicht nur zwei Individuen als Ehemann und Ehefrau verbanden, sondern dass aus den Familien dieser beiden Personen durch ihre Eheschließung eine einzige vereinte Familie wurde. Zwei Linien verbanden sich in den Kindern, die aus einer solchen Ehe hervorgingen.

Das bilaterale Prinzip der Verwandtschaft entspricht nicht nur der christlich-abendländischen Kultur der Vergangenheit, es ist bis heute in der Industriegesellschaft gewiss noch das am weitesten verbreitete, doch es steht und fällt mit der Institution Ehe.

Während eine bilaterale Abstammungsordnung ohne gelungene und dauerhafte Ehe nicht bestehen kann, ist eine matrilineare Abstammungsordnung ganz unabhängig davon, ob Ehen gegründet werden oder nicht. Unsere Beispiele haben das gezeigt. Die Frau kann als Mutter mehrerer unehelicher Kinder ihre Töchter betreuen, bis diese wieder Mütter unehelicher Kinder werden, welche sie dann in einem größeren Familienverband unter Mitwirkung der Großmutter und auch eines oder mehrere Geschwister der Mutter aufziehen können. Das kann theoretisch von Generation zu Generation ohne Ende so weitergehen. Der matrilineare Familienverband hat die Möglichkeit, sich fortzupflanzen, ohne dass eine Ehe geschlossen werden müsste und ohne dass ein leiblicher Vater irgendwie in Erscheinung tritt. Es ist aber unwahrscheinlich, dass der matrilineare Typ der Abstammungsordnung sich eignet, um eine Religion wie das Christentum zu tradieren, in der eine Vaterfigur eine zentrale Stellung einnimmt. Abgesehen von der Frage der Religion ergibt sich, wie noch zu zeigen sein wird, aus den Forschungsergebnissen der Ethnologie, dass mit dem Typ der Abstammungsordnung ein bestimmter Typ der Kultur vorgegeben ist.

Der Typ einer rein matrilinearen Abstammungsordnung, der ohne Ehe und ohne Vaterschaft unbegrenzt existenzfähig sein kann und den unsere Fallbeispiele illustrieren sollen, ist im Deutschland der Gegenwart möglich geworden. Es wäre gewiss interessant, im Rahmen der Sozialforschung regelmäßig Daten darüber zu erheben, ein wie großer Anteil der Bevölkerung diesem Typ der Verwandtschaft zugerechnet werden muss.

2.2. Die Familie der matrilinearen Kultur

Die schärfsten ideologischen Angriffe gegen die Familie der sogenannten bürgerlichen Gesellschaft wurden im 19. Jahrhundert von Karl Marx und Friedrich Engels vorgetragen. Das Denken, vor allem der Intellektuellen, geriet außerdem aber stark unter den Einfluss eines Buches von Johann Jakob Bachofen, das 1861 unter dem Titel 'Das Mutterrecht' veröffentlicht wurde.[82] Seit der Diskussion um diese Arbeit Bachofens traf man jahrzehntelang in der ethnologischen und sozialphilosophischen Literatur immer wieder die Behauptung an, die matrilinearen Kulturen seien mutterrechtliche Kulturen gewesen, in denen die oberste Anordnungsbefugnis bei den Frauen gelegen habe, in denen demnach Matriarchat geherrscht habe. Die neuere frühgeschichtliche und ethnologische Forschung ist von dieser Ansicht immer weiter abgerückt. Im Kulturvergleich hat sich gezeigt, dass zwar im Binnenraum der Familie bei den Frauen der matrilinearen Kulturen eine unbestreitbare Dominanz gelegen hat, dass aber die kriegerische Auseinandersetzung mit äußeren Feinden und jenes Geschäft, das man

---

[82] Johann Jakob Bachofen, 'Das Mutterrecht', Basel 1861, 3. Aufl. 1948

in komplexeren Gesellschaften Politik nennt, auch in matrilinearen Kulturen Sache der Männer gewesen ist.

Hinzu kommt, dass selbst im Binnenraum der Familie starker männlicher Einfluss zur Geltung gebracht wurde, der allerdings, wie zu zeigen sein wird, nicht von dem Ehemann der jüngsten Mutter, sondern von ihrem Bruder oder von ihrem Onkel mütterlicherseits ausgeübt wurde. Es ist daher falsch, Matrilinearität mit Matriarchat gleichzusetzen, und zwar schon deshalb, weil es sich bei den beiden Fragestellungen um ganz unterschiedliche Thematiken handelt: Es geht bei der Matrilinearität um eine Ordnung, die regelt, wer als Blutsverwandter von wem gilt, und im Matriarchat um die Vorstellung von einer Gesellschaft, in der die Mutter Inhaber der Kommandogewalt sind.

Die Besonderheiten jener Familie, die der rein Matrilinearen Abstammungsordnung entspricht, wurden schon hervorgehoben: Es ist leicht einzusehen, dass ein Vorkommen dieses Familientyps nur unter Bedingungen zu erwarten ist, die außer der Familienverfassung auch alle übrigen Merkmale der Kultur in besonderer Weise prägen. Wo dies zutrifft, sprechen wir fortan von einer matrilinearen Kultur, der dann der Typ der matrilinearen Abstammungsordnung entspricht.

Das Denken der Intellektuellen westlicher Industrienationen ist in den vergangenen fünf Jahrzehnten wohl von keiner Beschreibung einer matrilinearen Kultur so stark beeinflusst worden wie von Bronislaw Malinowskis Buch über die Trobriand-Insulaner.[83] Diese auf Britisch-Neuguinea lebenden Eingeborenen stehen dem Niveau einer Steinzeitkultur

---

83 Bronislaw Malinowski, Das Geschlechtsleben der Wilden in Nordwest-Melanesien, Leipzig und Zürich, o.J. (Einleitung: London, Januar 1929)

noch recht nahe. Sie definieren Verwandtschaft als Abstammung in mütterlicher Linie.

Unabhängig von der erwähnten Frage, ob es den Zustand des Matriarchats in Kulturen der Vergangenheit gegeben hat oder nicht, steht, verglichen mit den modernen Industriegesellschaften, für die matrilinearen Kulturen ein außerordentlich großer kultureller Einfluss der Mütter fest. Dieser Einfluss beruht auf einer an magische Macht grenzenden Bewunderung der Männer für die Fähigkeiten der Frauen, Kinder zur Welt zu bringen und aufzuziehen, indem sie sie stillen. Dieser lebensspendenden Fruchtbarkeit der Frau hat nach dem Denken des Menschen der matrilinearen Kultur dem Mann nichts Vergleichbares gegenüberzustellen. Malinowski berichtet, die Trobriand-Insulaner hätten in den Jahren 1915 und 1917, als er sie erforschte, die Vorstellung gehabt, "dass einzig und allein die Mutter den Leib des Kindes aufbaue und dass der Mann in keiner Weise zu seiner Entstehung beitrage."[84]

Wenn die Ordnungsvorstellungen einer ganzen Kultur darauf ruhen, dass alles menschliche Leben ausschließlich der Fruchtbarkeit und Kreativität der Mütter zu verdanken ist, dann wird auch die Familie diesen Vorstellungen entsprechend an den Müttern orientiert sein. Bei den Vätern kann die Abstammungsordnung schon deshalb nicht anknüpfen, weil die Vorstellung von Vaterschaft als Blutsverwandtschaft in der matrilinearen Kultur gänzlich fehlt.

Die Familie der matrilinearen Kultur verleiht dem einzelnen Menschen die lebenslänglich unverlierbare Mitgliedschaft in der Familie seiner Mutter. Die Bande der Mutterlinie allein sind Blutsbande entsprechend den Vorstellungen, dass ein

---

Neugeborenes von gleicher Substanz sei wie die Mutter. Malinowski zitiert einige Aussprüche der Trobriander: "Die Mutter nährt das Kind in ihrem Leib. Später, wenn es herauskommt, nährt sie es mit ihrer Milch." "Die Mutter macht das Kind aus ihrem Blut." "Brüder und Schwestern sind vom gleichen Fleisch, weil sie von derselben Mutter kommen."[85] Den mütterlichen Blutsbanden weit untergeordnet sind Bindungen aufgrund von Heirat oder eine Vater-Kind-Beziehung. Das zeigt sich in Fragen der Erbschaft oder der Nachfolge in der Häuptlingswürde oder in anderen Ämtern.

Als Mann kann ein großer Häuptling, der als Krieger oder Magier hohes Ansehen genießt, sein Amt natürlich nur an einen anderen jüngeren Mann weitergeben. Doch während wir in unserer Kultur davon ausgehen, dass er die Nachfolge seinem Sohn übertragen wird, ist eben in der matrilinearen Kultur eine Vater-Sohn-Beziehung verhältnismäßig bedeutungslos, weil ja beide verschiedene Mütter haben und folglich verschiedenen Familien angehören. Der Häuptling der matrilinearen Kultur wird sein Amt nicht seinem Sohn, sondern dem Sohn seiner Schwester übertragen. Seine Schwester und er sind vom gleichen Fleisch. Seine Schwester hat als Mutter wiederum vom gleichen Fleisch ihren Sohn geboren. Er, der Neffe des Häuptlings, ist daher vom gleichen Fleisch wie der Häuptling selbst, er ist der durch Blutsverwandtschaft legitimierte Nachkomme.

Aus dem Gesagten wird deutlich, dass unsere Begriffe "Ehe" und "Vaterschaft" sehr begrenzt auf matrilineare Verhältnisse übertragbar sind. "Die Institution Ehe ist bei den Eingeborenen gut ausgebaut, doch fehlt ihnen jede Kenntnis vom Anteil des Mannes an der Zeugung von Kindern. Dabei

---

[85] Ebd.

hat das Wort 'Vater' für die Trobriander eine ganz bestimmte, wenn auch ausschließlich soziale Bedeutung: Es zeichnet den Mann, der mit der Mutter verheiratet ist, im gleichen Hause mit ihr lebt und zum Haushalt gehört."[86] Bezogen auf die Familienzugehörigkeit ist dieser sogenannte "Vater" aber Außenstehender und Fremder, er ist mit seiner Frau und seinen Kindern nicht verwandt, sondern bleibt gleichsam ein ewiger Hausfreund. Diese matrilineare Variante von Ehe ist demnach zu schwach, als dass durch Eheschließung Verwandtschaftsbindungen begründet werden könnten. Hier bleibt Ehe wesentlich auf die Regelung des Sexualkontaktes zwischen den Partnern beschränkt. Diesen Typ einer von der matrilinearen Kultur geprägten Ehe könnte man "Paarungsehe" nennen. Es gibt in den Industriegesellschaften der Gegenwart Zweierbeziehungen, die starke Parallelen zu diesem Typ aufweisen.

Die Familie der matrilinearen Kultur bietet der heranwachsenden Tochter große Stabilität, weil sich in ihr die Mutterlinie fortsetzen wird. Dagegen muss der Sohn im Laufe seiner Entwicklung die männliche Bezugsperson wechseln: Zunächst erlebt er als kleines Kind die zärtliche Nähe seines Vaters, doch je älter er wird, desto mehr untersteht er dem Erziehungsdruck und den Anforderungen seines Onkels mütterlicherseits. Auf den Trobriand-Inseln ist die Matrilinearität der Kultur verbunden mit der patrilokalen Eheform. Das bedeutet, dass die Frau bei der Heirat in die Dorfgemeinschaft und in das Haus ihres Ehemannes zieht, ohne allerdings Mitglied seiner Verwandtschaftsgruppe zu werden. Durch Eheschließung wird also in keinem Falle etwas an den Zugehörigkeiten zu Familien geändert: Eheschließung begründet nicht Verwandtschaft. Die patrilokale Lebensform

---

[86] Ebd., S. 3f.

bewirkt aber, dass die Kleinkinder bei ihrem Vater aufwachsen. "Er nimmt tätigen Anteil an der sorglichen Pflege der Kleinen; stets empfindet und beweist er zärtliche Liebe für sie, und später hilft er sie erziehen. Das Wort tama (Vater) in seiner gefühlsbetonten Sinn verdichtet also eine Fülle frühester Kindheitserinnerungen und drückt jenes typische Gefühl aus, das zwischen einem Kind und einem reifen liebevollen Mann des gleichen Haushalts besteht, während es in sozialer Hinsicht den Mann bezeichnet, der mit der Mutter intim verkehrt und Herr des Haushalts ist."[87]

Sobald aber das Kind so alt wird, dass sein Leben über den engen Raum des Familienhaushalts hinausgreift, wird ihm klargemacht, "dass es nicht zum selben Clan gehört wie sein tama, dass sein Totem ein anderes ist, übereinstimmend mit dem Totem seiner Mutter."[88]

Der innere Abstand zu seinem tama vergrößert sich aus Rücksicht auf die Erwartungen der Umwelt. "Ein anderer Mann taucht auf, vom Kind kadagu ('meiner Mutter Bruder') genannt. Dieser Mann kann in derselben Ortschaft wohnen, doch ebenso gut in einem anderer Dorf. Das Kind erfährt überdies: der Ort, wo sein kada (Mutterbruder) wohnt, wird auch sein, des Kindes 'eigenes Dorf,' dort hat es Besitz und andere Bürgerrechte, dort winkt ihm seine künftige Laufbahn, dort findet es seine natürlichen Verbündeten und Genossen. Vielleicht wird es sogar in seinem Geburtsort als 'Außenstehender' (tomakava) verspottet; doch in seinem 'eigenen' Dorfe, wo die Brüder seiner Mutter wohnen, ist sein Vater ein Fremder, es selbst aber ein natürlicher Bürger."[89]

---

[87] Ebd., S. 4
[88] Ebd., S. 5
[89] Ebd. S. 5

So wird der Kontakt zum Vater immer unbedeutender und der Anspruch des Onkels mütterlicherseits auf Autorität und Gehorsam immer größer. In der Literatur zur antiautoritären Erziehung konnte man im vergangenen Jahrzehnt Hinweise auf matrilineare Eingeborenenkulturen finden. Der Vater übe dort keinen Disziplinierungsdruck aus, sondern trete eher nach Art eines älteren Bruders des Kindes als Spielgefährte und Kamerad auf. Wie wir sahen, ist eine solche aus dem Kulturzusammenhang herausgenommene Vater-Kind-Beziehung dann ebenso zutreffend wie einseitig dargestellt. Es entsteht nämlich ein paradiesisch konfliktfreier Eindruck, weil der strenge und fordernde Onkel mütterlicherseits unterschlagen wird.

Der Onkel hat ein Interesse an der Erziehung seiner Neffen und Nichten, gehen doch bei seinem Tode alle seine Besitztümer auf sie über. Darum bemüht er sich zu seinen Lebzeiten alles, was er kann und weiß, auf sie zu übertragen: Er lehrt sie tanzen[90], singen, unterweist sie in allem, was ein tüchtiger Stammesangehöriger können muss, und führt sie auch in die Mythen und die Magie des Stammes ein. So gibt eine Generation von Männern der nächsten Generation die Normen und Werte der Kultur weiter, nur geschieht die Weitergabe eben nicht an die leiblichen Kinder des Mannes, sondern an seine Nichten und Neffen, also an die Kinder seiner Schwester.

Da nahezu jeder Mann sowohl Vater als auch Onkel ist, übt auch fast jeder Mann diese Erziehungstätigkeit gegenüber der nächsten Generation aus. Nur tut er das, wie gesagt, unter den Bedingungen der matrilinearen Kultur nicht als Vater, sondern als Onkel.

---

[90] Vgl. hier S. 71

Wenn in der Familie der matrilinearen Kultur Ehe nur die Form der Paarungsehe annimmt und Vaterschaft verhältnismäßig unbedeutend bleibt, so liegt das vor allem an der Unwissenheit über den Zusammenhang zwischen Paarung und Schwangerschaft. Die Trobriander, die Malinowski beschreibt, wissen nicht, dass durch menschliches Tun ein Kind gezeugt werden kann, sondern meinen, dass der Nachwuchs vom Geist eines verstorbenen Ahnen der Mutter in sie hineingelegt würde. Wenn nach diesen Vorstellungen der Ehemann der Frau an der Erzeugung des Nachwuchses ganz und gar nicht beteiligt ist, dann kann er selbstverständlich im Bereich der Fruchtbarkeit auf keine eigene schöpferische Aktivität hinweisen. Daher gilt er auch nicht als Erzeuger seiner Kinder, sondern nur als der Lieblingsspielgefährte seiner Frau und ihrer Kinder, die freilich auch seine Kinder sind. Das hat nun weiterhin eine Reihe bedeutsamer Konsequenzen für die Sexualmoral der matrilinearen Kultur.

Die sexuelle Begegnung zwischen Mann und Frau wird im Kontext dieser Kultur nämlich gar nicht unter dem Gesichtspunkt der Zeugung neuen Lebens gesehen, sondern einzig und allein als besonders intensive und intime Form der Vereinigung zweier Erwachsener. Sie braucht aus dieser Perspektive weniger streng unter die Kontrolle der Gesellschaft genommen zu werden, weil die vermeintlichen Konsequenzen sexuellen Tuns auf das Augenblickserleben der Partner beschränkt bleiben. Auch eine Feststellung der Vaterschaft interessiert nicht, da diese im biologischen Sinne nicht bekannt ist. So liegt uns für die Sexualmoral der matrilinearen Eingeborenenkultur eine auffallend ähnliche Trennung von Lustgewinn und Zeugungszweck vor, wie sie in der Gegenwart durch das weitverbreitete Praktizieren von Techniken der Empfängnisverhütung faktisch erreicht werden kann. Bemerkenswert ist dabei, dass dies für den Trobriand-Insulaner nur in seiner Vorstellung so ist, während er natürlich in Wirklichkeit Kinder zeugt, ohne es zu wissen. Um die sichere Zuordnung eines neugeborenen Kindes zu einer Familie zu gewährleisten, genügt es in der matrilinearen Kultur jedenfalls, zu wissen, wer seine Mutter ist, und das festzustellen bereitet niemals Schwierigkeiten.

Am Ende dieser Darstellung der Familie der matrilinearen Kultur verlassen wir die konkrete Beschreibung der Trobriand-Insulaner von Malinowski und wenden uns dem Bemühen zu, reine Familientypen zu konstruieren. Dabei soll nun nicht mehr untersucht werden, ob eine konkrete Ausprägung der Familie der matrilinearen Kultur in der einen oder anderen Form wirklich existiert hat, sondern ob die Existenz einer solchen Form von Familie theoretisch denkbar wäre und wie sie als idealtypische Gedankenkonstruktion auszusehen hätte.

Mit anderen Kulturtypen hat die matrilineare Kultur dies gemeinsam, dass sie dem einzelnen die Mitgliedschaft in einer Familie als Untergliederung der Gesellschaft zuweist. Während in den Männergruppen, die sich zur gemeinsamen Jagd oder zum Kampf gegen äußere Feinde zusammenfinden, ebenso wie in den Frauengruppen, deren Mitglieder im Bereich der Nachwuchsfürsorge und der Herstellung und Beschaffung von Nahrung kooperieren, das Prinzip der Gleichheit die Grundlage für den Zusammenschluss bietet, stellt die Familie eine Kleingruppe aus ungleichen Mitgliedern dar. Es ist das Wesen jeder Form von Familie, dass ihr Personen beiderlei Geschlechts und mindestens zweier verschiedener Generationen dauerhaft angehören. Wie in jeder anderen Familienform finden wir also auch in der Familie der matrilinearen Kultur typischerweise eine Mutter kleiner Kinder und einen Mann, der ihr zur Seite steht.

Das Besondere muss nun im Falle der Familie der matrilinearen Kultur darin gesehen werden, dass dieser Mann nicht der Geschlechtspartner der Frau und nicht der Vater ihrer Kinder, sondern ihr eigener Blutsverwandter, nämlich ihr Bruder oder ihr Onkel mütterlicherseits, ist. Auch der eigene Sohn kann in der Familie der matrilinearen Kultur der Mann sein, der der Mutter zur Seite steht. Der Erzeuger der Kinder gehört der Familie nicht an.

Er tritt nur als Geschlechtspartner der Mutter gastweise in Erscheinung, bleibt aber Mitglied der Familie seiner Mutter und Schwestern. Das liegt daran, dass der matrilinearen Kultur in ihrer radikalen und reinen Form sowohl die Institution der Ehe als auch die der Vaterschaft fehlen. Das hindert jedoch nicht, dass die Kontinuität der Familie in mütterlicher Linie durch die ununterbrochene Abfolge zahlloser Generationen von Frauen ehelos und vaterlos gewahrt werden kann.

Die ehelose Familie der matrilinearen Kultur besticht durch die Konsequenz, mit der ihre Ordnungsprinzipien durchgehalten werden. Jeder einzelne gehört der Familie seiner Mutter an und bleibt bis an sein Lebensende deren Mitglied, ohne dass etwa durch Eheschließung ein Wechsel in der Familienzugehörigkeit eintreten würde. Dieser stringenten Definition von Blutsverwandtschaft entspricht das Inzesttabu, welches besagt, dass man mit Angehörigen der eigenen Familie keinen Geschlechtsverkehr haben kann, sondern nur mit Angehörigen anderer Familien. Da in der matrilinearen Kultur die Initiative im Bereich der Sexualität bei der Frau liegt, bedeutet dieses kulturspezifische Verständnis von Inzest, dass für die geschlechtsreife Frau der Sohn, der Bruder und der Bruder ihrer Mutter als Sexualpartner tabu sind.

Die Tabuierung des Vaters fehlt freilich, da ja das Konzept der Vaterschaft überhaupt fehlt. Das konsequente Resultat der matrilinearen Version des Inzesttabus liegt jedenfalls darin, dass der Binnenraum der Familie von Sexualität vollständig frei bleibt. Die Paarung wird außerhalb der Familie vollzogen. Und eben diese Seite des ehelosen Familientyps muss nur unter den denkbar härtesten Lebensbedingungen akzeptabel erschienen sein. Je weiter sich die matrilineare Kultur über das Niveau des Existenzminimums erhob, desto stärker muss von dieser Regelung der Druck in Richtung auf eine Überwindung des ehelosen Familientyps ausgegangen sein.

Wir nehmen daher an, dass nach Überwindung der primitiven Lebensbedingungen des Steinzeitniveaus neben dem ehelosen Familientyp des matrilinearen Verständnisses von Abstammung ein ehelicher Familientyp getreten ist. Die erotische Beziehung zwischen einer Frau und ihrem Sexualpartner aus einer anderen Familie wird auf diesem Niveau zur schon erwähnten Paarungsehe institutionalisiert. Bei dieser Form der Ehe fehlt die Erwartung, dass gemeinsame Kinder zur Welt kommen werden. Die *Paarungsehe* kann matrilokal, also am Wohnort der Frau, oder patrilokal, also am Wohnort des Mannes, geführt werden. Letzteres entspricht den Verhältnissen, die uns Malinowski von den Trobriand-Insulanern berichtet hat. Die Initiative bei der Partnerwahl liegt bei der Frau, ihre Familie billigt dann ihre Dauerbindung zu dem Ehemann, mit dem sie eine Paarungsehe eingeht. Entspricht der Mann den Erwartungen seiner Frau nicht oder nicht mehr, so wird sie ihn wieder entlassen. Im Kontext der matrilinearen Kultur erfolgt eine Ehescheidung durch einfache Willenserklärung der Frau. Von den Pueblo-Indianern im Südwesten der USA wird berichtet, dass die ihres Mannes überdrüssige Ehefrau im

Laufe des Tages seine persönlichen Dinge in der gemeinsamen Wohnung zusammensucht und zu einem Bündel schnürt. Wenn der Mann dann am Abend von der Feldarbeit heimkehrt, sieht er am Eingang sein Bündel liegen, weiß, dass die Ehe geschieden ist, nimmt es auf die Schulter und geht weinend zurück zu seiner Mutter.

Wie spannungsreich und emotional belastend die Lage des Mannes in der Familie der matrilinearen Kultur ist, zeigt besonders eindrucksvoll ein Bericht Malinowskis über den Häuptling des Dorfes Omarakana, der zwischen der stammesrechtlichen Pflicht gegenüber dem Sohn seiner Schwester, der selbstverständlich das Recht hatte, der Nachfolger des Häuptlings zu werden, und seinem Lieblingssohn fast zerbricht. Zwischen Neffe und Lieblingssohn kam es zu einem heftigen Streit, der mit der Verbannung des Sohnes endete. Die Familie des Häuptlings, also seine Schwestern und deren Söhne, wiesen seinen erwachsenen Sohn nach dem Stammesgesetz aus dem Dorf. Er zog in das Dorf seiner Mutter, der Lieblingsfrau des Häuptlings, die bald aus Kummer über die Verbannung ihres Sohnes starb.[91]

Auf der Ebene der theoretischen Typenkonstruktion tritt uns die Familie der matrilinearen Kultur also in zwei verschiedenen Entwicklungsstufen entgegen: als ehelose Familie, der der Mann ausschließlich in seiner Eigenschaft als Blutsverwandter der Mutter, meist als ihr Bruder, angehört, und als Familie mit Paarungsehe, in der ein gespaltenes Bild des Mannes entsteht, weil er dort einmal die starke und unverlierbare Position des Blutsverwandten haben kann, wie in der ehelosen Familie, während er daneben als schwacher, nur gastweise zugelassener und leicht ersetzbarer Ehemann vorkommt. Aus dieser Zerrissenheit und Schwäche kann

---

[91] Ebd., S. 9-12

sich der Mann unter den Bedingungen der matrilinearen Kultur nicht befreien, weil das Konzept der Vaterschaft fehlt, weil sein biologischer Beitrag zur Fruchtbarkeit irrelevant ist und weil die Ehe in der Form der Paarungsehe zwar die persönliche Beziehung zwischen Mann und Frau regelt, aber dabei keinesfalls zum Erwerb von Mitgliedsrechten einer anderen Familie führt als der, in welcher jeder einzelne Mensch als Kind seiner Mutter zur Welt gekommen ist. Mit der Institutionalisierung jener anspruchsvolleren Form von Ehe, die Trauung ähnlich wie Geburt zum Aufnahmeritus in eine neue Familie werden ließ, war das Fundament gelegt für eine andere Kultur mit einer eigenen Form der Familie.

2.3. Die Familie der patrilinearen Kultur

Die Menschheit ist in der Entwicklung ihrer Kultur an den Punkt gelangt, an dem ihr die Bedeutung des Mannes für die Zeugung von Nachwuchs einsichtig wurde. Der kulturelle Umbruch, den diese Einsicht mit sich brachte, lässt sich aus den verschiedenen Schöpfungsmythen rekonstruieren, z.B. aus dem Dilmun-Mythos der Sumerer, in der die Ankunft des Gottes Enki die Bedeutung des Mannes für die Fruchtbarkeit signalisiert.[92] Das gespaltene Auftreten des Mannes in der Familie, einmal als Blutsverwandter der Frau, dann wieder als ihr Geschlechtspartner, war in der matrilinearen Kultur eindeutig zugunsten des Blutsverwandten entschieden worden. Da seit der Ankunft Enkis der Mann nicht mehr nur als Geschlechtspartner, sondern auch als unentbehrlich für die Fruchtbarkeit der Frau auftreten konnte, kam es zur schrittweisen Zurückdrängung des Blutsverwandten und zur Einsetzung des Mannes als Vater.

---

[92] Die Schöpfungsmythen. Ägypter, Sumerer, Hurriter Hethiter Kanaaniter und Israeliten, mit einem Vorwort von Mircea Eliade, Darmstadt 1977, S. 111ff.

Dazu bedurfte er der Vollmitgliedschaft in der Familie seiner
Frau, damit er von seinen leiblichen Kindern nicht mehr
getrennt werden konnte. Wenn aber in der Familie als
führender Mann der Ehemann und Vater den Mutterbruder
und Onkel ablöst, kommt die matrilineare Kultur an ihr Ende.
Der Übergang[93] von der matrilinearen zur patrilinearen Kultur muss sich unvorstellbar schwierig und langsam vollzogen
haben. Zunächst bleibt nämlich die matrilineare Abstammungsordnung noch erhalten, obwohl die Einsetzung des
Mannes als Vater in den Familien erfolgt.

An die Stelle der Paarungsehe tritt die anspruchsvollere
Eheform, die man Elternehe nennen könnte, weil sie in der
festen Erwartung geschlossen wird, gemeinsame Kinder zu
haben. Immer noch innerhalb des matrilinearen Abstam-
mungskontextes wird nun beim Abschluss einer Elternehe
vom Manne erwartet, dass er seine eigene Herkunftsfamilie
verlässt und "seinem Weibe anhängt".

Das Trauungsritual und sein Vollzug in der körperlichem
Vereinigung der Eheleute lässt sie in eben dem Sinne "zu
einem Fleisch"[94] werden, wie im matrilinearen Verständnis
Bruder und Schwester ein Fleisch waren: Sie galten als
Blutsverwandte. Mit dieser Verleihung der Vollmitgliedschaft
in der Familie seiner Frau war der Ehemann stark genug
geworden, um den ältesten Bruder der Frau von der Führung
verdrängen zu können, und er selbst räumte nun den Platz
bereitwillig an der Seite seiner Schwester für deren Ehemann. Damit war die Abstammungsordnung in Bewegung
geraten.

---

[93] Vgl. hier S. 74
[94] Gen. 2, 24.

Frauen blieben zwar weiterhin lebenslänglich Mitglieder ihrer Herkunftsfamilien, aber Männer gaben beim Abschluss einer *Elternehe* die Mitgliedsrechte in den Familien ihrer Mütter auf und erwarben dafür die Mitgliedschaft in den Familien ihrer Frauen. Die Brüder der Frauen wanderten aus den Familien aus, in denen sie Kinder waren, und wurden als Ehemänner in neue Familien aufgenommen. Die Frauen tauschten so gleichsam ihre Brüder gegen ihre Ehepartner ein.

Doch dabei blieb es nicht. Die Männer schlossen sich bei der Lösung lebenswichtiger Aufgaben, die ihrem Geschlecht zufielen, enger zusammen, und bald tauschten nicht nur die Frauen ihre Brüder gegen ihre Ehemänner, sondern umgekehrt begannen die Männer ihre Schwestern gegen ihre Ehefrauen einzutauschen. Es war bald nicht mehr der Mann, der seine Herkunftsfamilie verließ, um "seinem Weibe anzuhängen"[95], sondern es wurde die Frau, die das Haus ihrer Mutter verließ, um in die Familie ihres Mannes einzutreten. Damit erst war die patrilineale Abstammungsordnung möglich geworden.

Eine Familie konnte nun in väterlicher Linie durch viele Generationen fortbestehen, in der Leitung der Familie konnte auf den Vater der Sohn und auf diesen der Enkel folgen, doch stets musste eine Frau gefunden werden, die bereit war, als Ehefrau in die bestehende patrilineale Familie einzutreten, um – wie die alte Formulierung heißt – ihrem Mann einen Sohn zu schenken.

Um die Wirklichkeit der Familie in der patrilinearen Abstammungsordnung zu beobachten, brauchen wir nun nicht eine Eingeborenenkultur aufzusuchen. Das hochindustrialisierte Japan der Gegenwart ist eine patrilineale Kultur, und wir

---

[95] Ebd.

können uns zur Illustration des dazugehörigen Familientyps den Berichten über Japan zuwenden.

In Japan betrachtet jede Frau trotz des Wandels, der auch dort spürbar wird, traditionsgemäß die Heirat als die Berufung ihres Lebens. Von den Frauen, die 24 Jahre alt oder jünger sind, leben 39% als Ehefrauen, bis zum Alter von 29 Jahren steigt der Anteil der Verheirateten auf 88%, "und mit 34 Jahren sind nur noch 2% unverheiratet."[96] Viele Ehen kommen auch heute noch durch die Mitwirkung eines Heiratsvermittlers zustande. Wenn die Einigung herbeigeführt worden ist, kann nach vielen vorgeschriebenen Vorbereitungen die Heiratszeremonie stattfinden. Die Hochzeitsreise führt das junge Paar meist nach Hawaii oder nach Hongkong. Danach beginnt für die junge Ehefrau ein schwieriger Prozess, in dessen Verlauf sie zum Mitglied der Familie ihres Mannes werden muss.

Nach der Heimkehr von der Hochzeitsreise tritt sie sogleich in die Rolle eines Lehrmädchens ihrer Schwiegermutter ein. In etwa 25% aller Fälle wird sie ständig mit ihrer Schwiegermutter in einem Haushalt wohnen.[97] Sie ist der Neuling in der Familie ihres Ehemannes und genießt dort unabhängig von ihrer eigenen Herkunft und ihrer Bildung zunächst den niedrigsten Status. Sie ist Lernende, die sich erst einmal einfügen und bewähren muss, vergleichbar etwa dem jüngsten Lehrling in einem Handwerksbetrieb bei uns.

Zugleich mit der Eheschließung scheidet die junge Frau aus der Familie ihrer Eltern aus, die ihr zum Abschied eine Reihe guter Ratschläge mitgeben:

---

[96] Gerd Reinhold, Individuum und Gesellschaft in Japan, Diss.phil., Universität München 1979, S. 195, Anm. 70
[97] Ebd., S. 191, Anm. 58

"1. Alles wird gutgehen, wenn du deine Schwiegermutter genauso liebst und respektierst wie deine Mutter hier bis jetzt.

2. Wenn deine Schwiegermutter dich tadelt, danke ihr dafür, dass sie so freundlich ist, dich etwas zu lehren.

3. Nachdem du dein Geburtshaus verlassen hast, komme nie mehr zurück, denn hier bist du dann nicht mehr zu Hause."[98]

In rastloser Arbeit bemüht sich die junge Frau, die Zustimmung ihres Mannes und seiner Eltern und Geschwister zu erringen. Doch erst durch die Geburt eines Kindes qualifiziert sie sich deutlich als Mitglied der Familie, in die sie nun eingeheiratet hat. "Zumal als Mutter eines Sohnes verändert sich ihre Position schlagartig, denn trotz der offiziellen Abschaffung des Familiensystems aus der Feudalzeit wird auch heute noch das Prinzip der Primogenitur mit dem ältesten Sohn als Universalerben und Stammhalter weithin angewendet."[99] Hauptaufgabe der Frau ist es ja gerade, für die Fortführung der Familie in männlicher Linie zu sorgen. Sie zieht daher nach japanischem Verständnis ihre Kinder nicht für sich selbst, sondern für ihren Mann und ihre Schwiegermutter auf, um sie zu möglichst guten Mitgliedern und Nachfolgern der seit alters her bestehenden Familie zu machen.

Die Väter sind wegen langer Arbeitszeiten und berufsbezogener außerhäuslicher Aktivitäten wenig zu Hause. Daher obliegt die Betreuung der Kinder im modernen Japan fast gänzlich den Müttern, die mit größtem Ehrgeiz danach streben, ihr eigenes Kind in einer möglichst guten Schule und anschließend in einer möglichst angesehenen Universi-

---

[98] Ebd., S. 43
[99] Ebd.

tät unterzubringen. Da die soziale Umwelt die Mutter ganz nach dem Erfolg ihrer Kinder beurteilt, ist Erfolg oder Misserfolg des Kindes mit Erfolg oder Misserfolg der Mutter identisch. Vor allem aber hat die Ehefrau gegenüber den Nachbarn, Freunden und Bekannten, die der Familie nicht angehören, die Aufgabe, ihren "Mann nach außen hin als" den "unangefochtene(n) Chef der Familie" erscheinen zu lassen. "So wird sie ihn stets als denjenigen hinstellen, der alle wichtigen Entscheidungen trifft, etwa bei der Auswahl der Schulen für die Kinder usw., selbst wenn in der Realität natürlich sie die Initiative ergriffen und der Mann allenfalls seine Zustimmung erteilt hat."[100]

Untreue in der Ehe wird in Japan einer Frau unter gar keinen Umständen zugestanden. Ihr Mann würde sie sofort verstoßen. Untreue des Mannes dagegen bleibt ohne Folgen, wenn man von dem leidvoll stillen Dulden der betrogenen Ehefrau absieht. Die japanische Familienverfassung wurzelt in der patrilinearen Tradition der konfuzianischen Moral. Bezeichnend dafür ist das Dokument "Große Lehre für die Frau", das aus der Zeit zwischen 1630 und 1714 stammt, das aber bis zum Beginn des 20. Jahrhunderts wieder neu gedruckt wurde. In diesem Dokument sind auch die sieben Gründe genannt, um derentwillen eine Ehefrau verstoßen werden konnte:

"1. Wenn sie den Schwiegereltern nicht gehorcht.

2. Wenn sie keine Kinder zur Welt bringt. Denn um des Nachwuchses willen heiratet man ja diese Frau. Wenn sie aber tugendhaft ist, ein gutes Verhalten und keine Eifersucht zeigt, sollte man sie nicht entlassen, sondern unter demselben Familiennamen Kinder adoptieren. Man sollte sie auch

---

[100] Ebd. S. 60f.

nicht verstoßen, wenn sie es duldet, dass der Mann mit einer Konkubine Kinder hat.

3. Wenn sie unzüchtig ist.

4. Wenn sie eifersüchtig ist.

5. Wenn sie Lepra oder eine andere üble Krankheit hat.

6. Wenn sie sich mit Worten nicht zurückhält und durch ihr Gerede die Harmonie in Familie und Verwandtschaft stört.

7. Wenn sie stiehlt."[101]

Während in der matrilinearen Kultur die Ehescheidung die Form einer Entlassung des Mannes durch die Frau hat, vollzieht sich Ehescheidung in Japan wie in jeder anderen patrilinearen Kultur in Form einer Entlassung der Frau durch die Familie des Mannes. Doch seit 1947 gibt es dafür auch in Japan ein gerichtliches Scheidungsverfahren. Die Scheidungsraten liegen übrigens in Japan weit unter denen, die uns die Statistiken z.B. für die USA oder für die Bundesrepublik Deutschland angeben.[102]

Mit einer nahezu unverfälscht reinen patrilinearen Kultur, deren Religion die rituelle Verehrung der verstorbenen Ahnen der eigenen Familie einschließt, hat Japan zu einer der führenden Industrienationen werden können. Trotz der unbezweifelbaren Modernität Japans als Wirtschaftsmacht gibt es innerhalb der Familie der patrilinearen Kultur charakteristische Grundzüge, die sich – ebenso wie in China[103] – bis in die ältesten Überlieferungen zurückverfolgen lassen. Die Einsicht des Menschen in die physiologischen Vorgänge

---

[101] Ebd. S. 167
[102] Rene König, Die Familie der Gegenwart, München 1974, S 109
[103] Helle, Horst J.: China: Promise or Threat? A Comparison of Cultures, Leiden: Brill 2017, S. 124ff.

der Zeugung mussten offenbar gegeben sein, um den Beitrag des Mannes zur ehelichen Fruchtbarkeit abschätzen und seine Einsetzung als Vater in der Familie durchsetzen zu können. Im Vergleich zwischen matrilinearer und patrilinealer Kultur gewinnt die menschliche Sexualität einen ganz anderen Stellenwert, weil es im Kontext der einen Abstammungsordnung auf die Feststellung der Mutter, im Kontext der anderen jedoch auf die Feststellung des Vaters ankommt.

Da aber Mutterschaft und Geschlechtsverkehr in der Familie der matrilinearen Kultur überhaupt nicht in einem Kausalzusammenhang miteinander gesehen werden, wird Sexualität dort nur unter dem Gesichtspunkt des gemeinsamen Lusterlebnisses der Partner betrachtet. Die patrilineale Kultur fügt dieser Sichtweise den Aspekt der Zeugung von Nachwuchs, verbunden mit der unabdingbaren Notwendigkeit einer eindeutigen Feststellung der Vaterschaft, hinzu.

Selbstverständlich war in wenig entwickelten Kulturen die Feststellung der Vaterschaft ungleich schwieriger als die Feststellung der Mutterschaft. Um Vaterschaft mit letzter Sicherheit feststellen zu können, brauchte man eine strenge Regelung des Sexualverhaltens, insbesondere der Frau. Eine Kultur, zu deren Grundlagen die zweifelsfreie Feststellung der Vaterschaft gehörte, musste daher Sexualverhalten in sehr viel restriktiverer Weise regeln, als dies in einer matrilinearen Kultur der Fall zu sein brauchte.

So entstand in den patrilinearen Kulturen ein Normensystem, das es dem Bräutigam zugestand zu fordern, dass die Braut, die er in die Ehe führte, unberührt war. Wie anders hätte er sicher sein können, dass sie nicht schon von einem anderen Manne empfangen hatte. Der Vater der Braut trug die Verantwortung, dafür zu sorgen, dass diesem Bedürfnis

Rechnung getragen war. Bei der Eheschließung ging die Braut aus der Verfügungsgewalt ihres Vaters in die ihres Gatten über.

Nicht nur das Insistieren auf Jungfräulichkeit der Frau vor der Ehe, sondern auch das sechste Gebot des Alten Testamentes diente der eindeutigen Feststellung der Vaterschaft. Ehebruch wurde bei den Juden als Verletzung der Besitzrechte des Mannes gedeutet: Bei außerehelichem Geschlechtsverkehr konnte "der Mann nur eine fremde Ehe, die Frau nur die eigene Ehe brechen. Wenn sich ein Mann mit einer ledigen oder geschiedenen Frau einließ, war das nicht Ehebruch; nur wenn er mit der Frau eines anderen verkehrte, brach er die Ehe, nämlich die des anderen Ehemannes."[104]

Gebrochen war eine Ehe dann insofern, als sich fortan Vaterschaft nicht mehr eindeutig feststellen ließ. Bei einem etwa zur Welt kommenden Kind konnte der Zweifel nicht ausgeschlossen werden, dass es außerehelich gezeugt worden war. Solange die Ehefrau die Treue hält, kann sie Söhne zur Welt bringen, von denen die Vaterschaft feststeht. Begeht sie jedoch in der vorchristlichen Zeit des Volkes Israel Ehebruch, dann wird die Frage der Vaterschaft bei dem damaligen Stand medizinischer Technologie unlösbar. Man steinigte daher eine schwangere Frau, bei der nicht feststand, von wem sie ein Kind erwartete, vor der Geburt des Kindes zu Tode, um zu verhindern, dass ein Mensch geboren würde, dessen Vater unbekannt war. Dies war die kulturhistorische Situation, in der Josef beschloss, seine Verlobte Maria heimlich zu entlassen.

---

[104] Rudolf Schnackenburg, "Die Ehe nach der Weisung Jesu" in: F. Heinrich und V. Eid (H.), Ehe und Ehescheidung, München 1972

Dem modernen Menschen fällt es nicht leicht, sich auszumalen, welche große Bedeutung es in vorindustriellen Gesellschaften hatte, dass eine Familie kontinuierlich fortbestand. In der matrilinearen Kultur war es für das Weiterleben der Familie entscheidend, dass der Mutter eine Tochter geboren wurde, denn in der Abfolge von der Mutter zur Tochter und weiter zur Enkelin setzte sich die matrilineale Familie durch die Generationen hindurch fort.

Der Gott der patrilinearen Kultur dagegen ist der Gott Abrahams, Isaaks und Jakobs, also dreier Männer, die jeweils in männlicher Linie den Bestand ihrer Familie fortführen. Noch bis in die jüngste Vergangenheit unserer eigenen Kultur klingt die Bedeutung der Kontinuität der Familie in männlicher Linie nach in der Freude des Vaters, dem ein "Stammhalter" geboren wurde.

Die Aufforderung an Abraham, seinen Sohn Isaak zu opfern, und die unerwartete Rettung Isaaks im letalen Moment sind nicht nur ein Lehrstück über den Gehorsam gegenüber dem Schöpfergott, sondern auch eine Geschichte, die die besondere Bedeutung der Beziehung zwischen Vater und Sohn hervorhebt. Solange nämlich Verwandtschaft im strikten Sinne als Blutsverwandtschaft bestimmt war, hatte innerhalb der Familie die Ehe sekundäre Bedeutung gegenüber der Beziehung zwischen Vater und Sohn in der patrilinearen Kultur.

Für den Ehemann in der patrilinearen Kultur (Japan, China) ist die Ehefrau insofern bedeutsam, als sie ihm Söhne zur Welt bringt. Die Gattenbeziehung ist in der patrilinearen Kultur und Familie also der Vater-Sohn-Beziehung nachgeordnet. Darum kann sich in dieser Kultur Ehescheidung auch nur als Entlassung der Frau vollziehen; denn die Familie ist immer dort, wo der Vater ist.

Mit der Entdeckung der Bedeutung des Mannes für die Zeugung von Nachwuchs und mit der Begründung der patrilinearen Kultur als einer Entwicklungsstufe, die auf die niedriger stehende matrilineare folgte, ergab sich im Interesse der eindeutigen Feststellung von Vaterschaft die funktionale Notwendigkeit, folgende Normen einzuführen, die alle gemeinsam vom Wert der Vaterschaft her legitimiert waren:

1. Die Frau musste als unberührte Jungfrau in die Ehe gehen.

2. Von der Frau musste in der Ehe absolute Treue gefordert werden.

3. Im Falle eines Scheiterns der Ehe konnte die Scheidung nur die Form einer Entlassung der Frau haben.

Wie sehr diese drei Grundsätze für die Familie der patrilinearen Kultur kennzeichnend sind, zeigt sich daran. dass sie übereinstimmend für China, für Japan und für das Israel des Alten Testamentes zutreffen.

2.4. Die Familie der bilateralen Kultur

Der Typ der Familie der matrilinearen Kultur lässt sich, wie wir zeigen konnten, ebenso wie jeder der patrilinearen Kultur unabhängig von und in weitgehender Konfrontation mit dem Gegentyp beschreiben. Dagegen lässt sich die Familie der bilateralen Kultur nicht als selbständige Variante entwickeln. Sie stellt vielmehr eine Synthese der beiden bisher beschriebenen Familientypen dar. Diese Synthese ist in theoretischer Arbeit gedanklich zu leisten.

Im Abschnitt "Verwandtschaft in der Industriegesellschaft" wurde erwähnt, dass die modernen Industriegesellschaften sich auf der Grundlage einer Abstammungsordnung entwickelt haben, nach der jeder einzelne als Verwandter sowohl der Angehörigen seines Vaters als auch der Angehörigen seiner Mutter gilt. China und Japan müssen hiervon allerdings wohl ausgenommen werden. Auch muss untersucht werden, ob der Typ der bilateralen Abstammungsordnung möglicherweise eine spezifisch christliche Ausprägung der Kultur darstellt. Methodisch wird gegenüber der aktuellen Wirklichkeit von Ehe und Familie in den Industriegesellschaften der Gegenwart so vorgegangen, dass bewusst wertend die Familie der bilateralen Kultur als politisch erwünschtes Modell betrachtet wird, dessen detaillierte Beschreibung als Idealtyp freilich noch erhebliche theoretische Schwierigkeiten bereiten wird.

Die beiden Alternativmodelle der Familie der matrilinearen und der patrilinearen Kultur sollen als Abweichungen von der erwünschten Normalität betrachtet werden. Dieses methodische Verfahren hat den Sinn, den Zugang zu öffnen zur Erklärung spezifischer Belastungen, die durch die Abweichung vom erwünschten Modell der bilateralen Normalität sowohl auf die betreffenden Individuen als auch auf die beteiligten Institutionen zukommen.

Charakteristische psychische Belastungen der Individuen, die in der Bundesrepublik Deutschland von großer politischer Relevanz sind, sind Auseinandersetzungen in Ehen um die Vorherrschaft des Mannes oder der Frau. Unser theoretisches Konzept geht von der Unterstellung aus, dass die Familie der bilateralen Kultur mit größerer Wahrscheinlichkeit in der Lage ist, angesichts der Frage nach einer relativen Vormachtstellung des Mannes oder der Frau in der Ehe Frieden zu stiften, als dies für die Familie der matrilinearen oder die Familie der patrilinearen Kultur zutrifft.

Die uns bisher vorliegenden Veröffentlichungen von Forschungen aus dem Bereich der Ethnologie enthalten einige Hinweise auf Möglichkeiten für die Legitimation von fraulichen oder männlichen Herrschaftsansprüchen in Ehe und Familie. Die Amerikaner George P. Murdock und David F. Aberle haben die Abstammungsordnungen verschiedener Kulturen in Abhängigkeit von Wirtschaftsweise, Produktivität und Komplexität der dazugehörigen Gesellschaft untersucht.[105] Ausgangspunkt dieser Studien ist das bekanntgewordene "World Ethnographic Sample" von Murdock aus dem Jahre 1957,[106] in der 565 Kulturen zu einem umfassenden Vergleich aufgenommen wurden. Von diesen Kulturen erwiesen sich 44% als patrilineal, 36% als bilateral, 15% als matrilineal und 5% als duolineal. Dabei verstehen die Autoren unter duolineal eine kulturelle Mischform, in der patrilineale und matrilineare Abstammungsordnug zusammenhanglos nebeneinander vorhanden sind.

Zur Begründung der Vorherrschaft von Mann und Frau in der Familie wird in dieser ethnologischen Literatur zunächst rein materialistisch argumentiert. So schreibt Aberle, dass die matrilinearen Kulturen keineswegs gleichmäßig über die bewohnbare Erdoberfläche verteilt sind,[107] sie füllen vielmehr offenbar ökologische Nischen aus, in denen sich die Wirtschaftsweise des Jagens und Sammelns oder die des Hack- und Gartenbaues erhalten haben. Auffallend unterrepräsentiert sind matrilineare Kulturen in den Gegenden, in denen Pflugkultur vorherrscht. Auch Großtier-

---

[105] David F. Aberle, "Matrilineal Descent in Cross-cultural Perspective" in: David M. Schneider und Kathleen Gough (H) Matrilineal Kinship, Berkeley and Los Angeles, 2.Aufl. 1962
[106] George P. Murdock, "World Ethnographic Sample" in: American Anthropologist, Bd. 59 (1957), siehe auch: David F. Aberle, a.a.O., S. 663
[107] David F. Aberle, a.a.O., S. 663f.

haltung scheint sich mit Matrilinearität nicht dauerhaft vereinen zu lassen, zumal dann nicht, wenn sich eine regional mobile Hirten- und Nomadenkultur herausbildet. Sesshaftigkeit ist nämlich notwendige - aber nicht hinreichende - Bedingung für Matrilinearität. Wenn die sesshafte Lebensweise verbunden ist mit Ackerbau mit dem Pflug und mit Weidewirtschaft, kommt es zur bilateralen Kultur. Dabei bleibt der Frau der hausnahe Garten erhalten. Die nomadische Lebensweise der Hirtenvölker jedoch führt zur patrilinearen Kultur, weil sie die Frau mobilisiert und entwurzelt, wie das in der Industriegesellschaft wieder für jene Frau zutrifft, die einem aus beruflichen Gründen häufig versetzten Ehemann folgt.

Diese Aufzählung von Hinweisen auf Zusammenhänge zwischen Wirtschaftsweise und Abstammungsordnung wird für die Frage des Herrschaftsanspruches in der Ehe aussagefähig, wenn die Funktion der Nahrungsbeschaffung mit einem überfamilialen Zentralverband von Männern oder Frauen in Verbindung gebracht werden kann. Das soll an den folgenden, aus der ethnologischen Literatur entnommenen, Beispielen gezeigt werden: Es gibt z.B. in Nordamerika eine Reihe von matrilinearen Kulturen mit Jagd- und Sammelwirtschaft.[108] Wichtigstes Fleischnahrungsmittel ist dort in einem Falle der Flusslachs, dessen sehr ergiebiger Fang ursprünglich Aufgabe der Frauengruppe gewesen sein soll, während die Männer von ausgedehnten Jagdunternehmungen oft nur unbedeutende Fänge heimbrachten. Ein materialistischer Ansatz führt hier wie im Falle der Hackbau- und Gartenwirtschaft zu der Einsicht, dass sich matrilineare Kulturen dort erhalten, wo der Boden fruchtbar bzw. der Lachsfang ergiebig, aber die Ertrage der Jagd nur dürftig

---

[108] Ebd., S. 669

waren. In diesen Fällen ist der Beitrag der Frauengruppe zur Nahrungsbeschaffung so viel bedeutsamer als der der jagenden Männer, dass sie damit ihren Anspruch auf Überlegenheit in Ehe und Familie begründen können.

Ein eindrucksvolles Beispiel sind die Tschambuli-Männer, die in Ermangelung von jagdbarem Wild zu Kopfjägern wurden und die seit dem Verbot der Kopfjagd funktionslos dahindämmern. Tamas Kürthy meint, Parallelen zu manchen Männern bei uns zu erkennen und spricht von der "Tschambulisierung" in Industriegesellschaften.[109] Das Sammeln von Früchten und Kräutern, der Lachsfang und die intensive Bodenbearbeitung im Hack- und Gartenbau sind Beispiele für Möglichkeiten kontinuierlicher und zuverlässiger Nahrungsbeschaffung durch die Frauengruppe, die sich mit einer solchen Wirtschaftsweise als Zentralverband etablieren und der Abstammungsordnung ihre matrilineare Qualität geben und erhalten konnten.

Zugleich mit der Frage nach dem Zusammenhang zwischen Abstammungsordnung und ökonomischer Produktivität stellt sich das Problem der Wünschbarkeit matrilinearer Kulturen; denn mit der Produktivität entscheidet sich, welchen Komplexitätsgrad die betreffende Gesellschaft erreicht, also wie weit sie sich entwickelt. Nur ausnahmsweise, bei Gartenbaukultur auf fruchtbarem Boden, können politisch zentralisierte matrilineare Systeme entstehen. Um dem genauer nachzugehen, bedarf es einer wissenschaftlichen Zusammenarbeit mit Vertretern der Vor- und Frühgeschichte und der Orientalistik. Offenbar ist Voraussetzung für das Fortbestehen der Matrilinearität, dass weder Großtierhaltung noch gemeinschaftliche Bewässerung zu einer familienüber-

---

[109] Tamas Kürthy, Geschlechtsspezifische Sozialisation, 2. Bd., Paderborn 1978, UTB

greifenden Männerkooperation Anlass geben. In den meisten Kulturen kennzeichnet jedoch ein niedriges Produktivitätsniveau die Matrilinearität, so dass der Entwicklungsstand der Gesellschaft gering bleibt und es zur Staatenbildung gar nicht kommt, weil kein politisches System ausdifferenziert wird.[110]

Hirtenvölker sind anscheinend häufig patrilineal und erreichen auf guten Weidegründen eine Produktivität, die den Durchschnitt der Hack- und Gartenbaukulturen übersteigt. Doch reichen die nomadischen Hirtenkulturen offenbar an das Niveau der Pflugkulturen nicht heran, weil dort Ackerbau und Großtierhaltung mit Gartenbau kombiniert werden und also die Produktivitätseffekte addiert werden können. So bleibt der Komplexitätsgrad auch der nomadischen Hirtenkulturen unter dem Niveau der Pflugkulturen, für welche die bilaterale Abstammungsordnung charakteristisch sind. Weiträumige komplexe Gesellschaften mit hochentwickelten Staaten setzen in aller Regel eine sesshafte Pflugkultur voraus,[111] in der ein relevanter Bereich der Gesellschaft von einer Männergruppe und ein anderer ebenfalls relevanter Bereich von einer Frauengruppe wahrgenommen wird und in der daher die Einseitigkeit sowohl von Matrilinearität als auch von Patrilinearität im Bereich der Gütererzeugung vermieden werden kann.

Die europäischen und asiatischen Hochkulturen waren im Unterschied zu weniger weit entwickelten Eingeborenenkulturen übereinstimmend dadurch gekennzeichnet, dass dort die Feldarbeit überwiegend oder ausschließlich den Männern oblag. Die bäuerliche Hauswirtschaft erforderte dabei eine solche Vielfalt von Kunstfertigkeiten bei der

---

[110] David F. Aberle, a.a.O., S. 680-687
[111] Ebd., S. 682

Herstellung von Textilien, Nahrungsmitteln, Getränken, Seife, Kerzen usw., dass die Bedeutsamkeit dieser Aufgabe ganz außer Zweifel stand. Diese von den Frauen übernommenen Arbeiten waren keinesfalls weniger wichtig als die Männerarbeit. Die Zuständigkeit von Mann und Frau waren "damals durchaus gleichgewichtig einander zugeordnet..."[112]

Die referierten Ergebnisse ethnologischer Forschung sind in ihrem theoretischen Anspruch deshalb bescheiden, weil sie überwiegend materialistisch argumentieren. Je höher sich eine Bevölkerung über ihr Existenzminimum erhebt, desto weniger leistungsfähig wird ein materialistischer Ansatz für die soziologische Erforschung dieser Bevölkerung. Aber schon auf dem sehr niedrigen Niveau der Jagd- und Sammlerwirtschaft ist es unbefriedigend, wenn nicht auch die Frage nach den Werten gestellt wird, an denen sich die handelnden Menschen selbst dort orientieren. Dazu die folgende Illustration:

Archäologen fanden in dem weiten Gebiet von Sibirien bis zu den Pyrenäen übereinstimmende Frauengestalten aus der Steinzeit mit überdimensional großen Hüften und Brüsten. Vorgeschichtsforscher deuten solche Steinskulpturen als Fruchtbarkeitsgöttinnen. Besonders bekannt ist die in Österreich gefundene Venus von Willendorf. Erich Neumann berichtet von einem Felsbild der aus der Steinzeit, auf dem ein jagender Mann abgebildet ist, den eine Linie mit einer wesentlich größer dargestellten Frau verbindet, die die Arme erhoben hält.[113] Zur Deutung des Bildes wird ausge-

---

[112] Henning Dunkelmann, Die erwerbstätige Ehefrau im Spannungsfeld von Beruf und Konsum, Tübingen 1961, S 29
[113] Erich Neumann, Die große Mutter, Olten und Freiburg i. Br. 3 Aufl. 1977, S. 229

führt, dass die zu Hause gebliebenen Frauen die Macht und die Pflicht hatten, ein magisches Ritual zu vollziehen, um für die Jagd der Männergruppe den erwünschten Erfolg zu „erzaubern."

Wenn unter solchen Bedingungen die Jagdbeute dann reich ausfällt, wird der Erfolg der Magie der Frauengruppe und nicht dem Jagdgeschick und der Kraft der Männergruppe zugeschrieben. Die Dimension der Zuschreibung oder der Situationsdefinition wurde aber einem rein materialistischen Ansatz entgehen. Daher wird hier von einer verstehenden Ansatz der Typisierung in matrilineare, patrilineale und bilaterale Kulturen ausgegangen, der großes Gewicht auf die Handlungsrelevanz des für wahr gehaltenen Wertsystems legt.

Der Hinweis auf das dominante Wertsystem der bilateralen Kultur führt zurück zu der Vermutung, dass möglicherweise die bilaterale Kultur eine spezifische Leistung christlicher Wertorientierung ist. In Zusammenarbeit mit Theologen beider Konfessionen könnte zur Abrundung des theoretischen Konzeptes geprüft werden, ob sich die These aufrechterhalten lässt, dass die Stoßrichtung der Lehre Jesu eine ethische Gleichstellung von Mann und Frau anziele. Für die Bereiche der Sexualethik hatte sich ergeben, dass in der Familie der matrilinearen Kultur große sexuelle Freiheiten der Frau vorgesehen sind. Umgekehrt ergab sich für die Sexualethik der patrilinearen Kultur, illustriert an ihrer Ausprägung im Alten Testament der Bibel, eine Ungleichbehandlung zuungunsten der Frau.

Gegen diese überkommene Ethik wendet sich im Neuen Testament das Wort Jesu: "Ihr habt gehört, dass gesagt wurde, du sollst nicht ehebrechen. Ich aber sage euch, jeder, der eine Frau ansieht, um sie zu begehren, hat mit ihr die

Ehe im Herzen gebrochen."[114] Mit dieser Formulierung, die sich eindeutig an Männer richtet, gibt Jesus ohne Frage dem Wort "Ehebruch" eine neue Wendung. Während bisher Ehebruch verbunden war mit der Sorge, die Vaterschaft eines Neugeborenen könne nicht eindeutig feststellbar sein, wird hier von Jesus nicht in erster Linie diejenige Dimension der Sexualität angesprochen, die auf die Zeugung von Nachkommen gerichtet ist, sondern die Dimension der Sexualität als Lustgewinn, die in der matrilinearen Kultur allein bekannt war.

Dies bedeutet, dass es für die von Jesus vertretene Forderung keine funktionale Begründung mehr gibt, sondern dass sie legitimiert ist einzig und allein aus der charismatischer Anspruch der Person Jesu selbst. Das gilt übrigens ganz ähnlich für die Szene, in der eine Ehebrecherin von Männern gesteinigt werden soll, die sie auf frischer Tat ertappt haben. Jesus fordert denjenigen auf, den ersten Stein zu werfen, der in seinem eigenen Verhalten das erfüllt, was er von dieser Frau fordert. Dieser nur skizzenhafte Einblick in das christliche Wertsystem des neuen Testaments deutet also tatsächlich in Richtung auf eine ethische Gleichstellung von Mann und Frau in der Ehe. Zusammenfassend könnte man formulieren: Ein in einer Ehe lebender Mensch soll in ethischer und rechtlicher Hinsicht von seinem Ehepartner etwas fordern, was er nicht selbst zu leisten bereit wäre.

Auch die Institution der Ehe bekommt im Kontext der bilateralen Kultur einen neuen Stellenwert. In der matrilinearen Kultur kann Ehe völlig fehlen oder bestenfalls die Form der Paarungsehe annehmen. Falls Ehe als Institution existiert, kann sie durch Entlassung des Mannes gelöst

---

[114] Mt. 5, 27 f.

werden. Entsprechend hat die Ehescheidung in der Familie der patrilinearen Kultur, wie wir gesehen hatten, die Form der Entlassung der Frau. Das Charakteristische der bilateralen Kultur liegt nun darin, dass durch die Institution der Ehe nicht mehr nur zwei isolierte Personen, sondern zwei ganze Familien miteinander verschmolzen werden. Eine Ehescheidung musste diesen sehr komplizierten und sehr viele Personen betreffenden Prozess rückgängig machen. Daher sind die Kräfte zur Verhinderung von Ehescheidung unter den Bedingungen der bilateralen Kultur weit stärker entwickelt als im Falle der matrilinearen oder der patrilinearen Kultur.

Wir brechen an dieser Stelle den Versuch ab, das bilaterale Wertsystem mit charakteristischen christlichen Werten in Verbindung zu bringen. Statt dessen soll im folgenden Abschnitt ein Vergleich der Wertsysteme der verschiedenen beschriebenen Kulturen mit stärkerem Bezug zur gegenwärtigen Realität von Ehe und Familie in Industriegesellschaften angestrebt werden.

3. Wechselwirkung zwischen Wertsystem und Dominanz in der Familie

3.1. Die Wertsysteme der verschiedenen Kulturen

Da es unsere Absicht ist, die Kulturen unter dem Gesichtspunkt zu vergleichen, welches Potential der Friedensstiftung sie angesichts der Auseinandersetzung zwischen Mann und Frau um die Vorherrschaft in Ehe und Familie haben, soll nach den Möglichkeiten der Wertsysteme gefragt werden, Herrschaft von Mann oder Frau zu legitimieren. Daher werden die Wertsysteme der verschiedenen Kulturen danach typisiert, wie sie der Männergruppe bzw. der Frauengruppe der jeweiligen Kultur Kreativität zuschreiben.

Wir hatten in dem Abschnitt über die materialistisch ethnologische Forschung gesehen; dass man den Beitrag der jeweiligen Geschlechtsgruppe zur Nahrungsmittelversorgung als wichtige Grundlage für Herrschaftsansprüche interpretieren kann. Nun hängt aber offensichtlich das Überleben einer Kultur nicht nur vom ökonomischen, sondern, wie die Bundesrepublik Deutschland in der Gegenwart gerade erlebt, auch vom generativen Verhalten ab. Daher ergänzen wir den materialistischen Ansatz um die Dimension der Kreativität, bezogen auf das Hervorbringen und Erziehen von Nachwuchs.

Aus Malinowskis Bericht über die Bewohner der Trobriand-Insel wissen wir, dass der Beitrag des Mannes zur Zeugung von Nachwuchs nicht bekannt war. Ähnliches gilt für andere matrilineare Kulturen und vermutlich auch für die Urkultur der Steinzeit. Im Zentrum des Kults steht ein Fruchtbarkeitszauber, bezogen auf die Muttergottheit, die ohne Mitwirkung eines männlichen Wesens aus sich selbst heraus Nachwuchs gebiert. Generatives Verhalten wird als Ergebnis autonom fraulicher Kreativität definiert, deren kollektiver Träger der Zentralverband der Frauen ist.

Die präzise Antithese zur Muttergottheit ist der väterliche Schöpfergott Israels. Der Patriarch, der als Führer einer großen Sippe innerhalb eines nomadischen Hirtenvolkes die Seinen zu immer neuen Weidegründen führt, ist die kreative Männer- und Vatergestalt, die ihre Entsprechung als Gottheit findet. Die beiden Schöpfungsberichte zu Beginn des Alten Testamentes fundieren den Mythos von der autonomen Kreativität einer Vatergestalt, die nicht auf die Mitwirkung irgendeines anderen Wesens - schon gar nicht eines weiblichen - angewiesen ist.

Als Synthese lässt sich schließlich der Idealtyp eines Wertsystems konstruieren, das die Zuschreibung kulturerhaltender Kreativität an die Mann-Frau-Interaktion vorsieht. Auch hier ist der Hinweis auf einen Schöpfungsmythos möglich, den christlichen, in dem Jesus als "neuer Adam" die Rolle des Erstlings und Trägers des Neubeginns übernimmt. Zwar geht seine Entstehung wie die des "alten Adam" auf die kreative Tat einer Vatergottheit zurück, doch die kritische Differenz liegt darin, dass im christlichen Schöpfungsmythos die freiwillige Mitwirkung einer Frau, Mariens, Voraussetzung für das Gelingen des Neubeginns ist. Die Urdogmatik der frohen, noch ungeteilten Christenheit schreibt der Interaktion zwischen Vatergott und Gottesmutter die entscheidende kreative Wirkung zu. (28)

Wir unterscheiden nunmehr die folgenden drei Idealtypen familienbezogener Wertsysteme:

a) Wertsystem der autonom fraulichen Kreativität (matrilineal),

b) Wertsystem der autonom männlichen Kreativität (patrilineal),

c) Wertsystem der Mann-Frau-Interaktion als Kreativitätsquelle (bilateral).

Situationsdefinitionen, die im Umkreis familienbezogenen Handelns und im Zusammenhang mit ehebezogenen Dominanzansprüchen vorgenommen werden, müssen je nach dem Wertsystem, das beteiligten Personen für wahr halten, unterschiedlich ausfallen.

3.2. Das antagonistische Nebeneinander verschiedener Kulturen in der Gegenwart

Im Anschluss an das bisher skizzierte theoretische Konzept kann man die soziale Wirklichkeit von Ehe, Familie und familialer Erziehung in den Industriegesellschaften der Gegenwart als das antagonistische Nebeneinander verschiedener Teilkulturen deuten, deren konfliktstiftende Wirkung umso größer ist, je weniger sie in ihrer Besonderheit erkannt werden.

Idealtypisch gesehen, beruht die frauendominante Teilkultur auf dem Wertsystem autonom fraulicher Kreativität. Die Kreativität kann jedoch nicht die isolierte Frau aus sich heraus sich selbst zuschreiben, sondern sie wird ihr aufgrund ihrer Mitgliedschaft in dem Zentralverband der Frauen zuerkannt. Die Abstammungsordnung dieses Idealtyps einer Teilkultur ist daher matrilinear, weil die Frau ihrem Ehepartner die Mitgliedschaft in der Gesellschaft über ihre eigene Mitgliedschaft in der zentralen Frauengruppe vermitteln kann. Daraus folgt auch, dass bei der Partnerwahl die Frau die Initiative ergreift und sich aus dem Kreis der heiratsfähigen Männer den passenden Ehemann aussucht. Ihre Dominanz im Intimbereich ist durch Wertsystem und Abstammungsordnung als Vermittlung der Mitgliedschaft legitimiert. Sollte es zu einer Ehescheidung kommen, so wird der Mann entlassen und die Kinder bleiben bei der Mutter.

Realtypisch können die verschiedenen feministischen Bewegungen als graduelle Abweichungen von diesem Idealtyp beschrieben werden. Sie formulieren durchweg den Anspruch autonom fraulicher Kreativität, bilden auch Frauengruppen, die sich jedoch meist als Randgruppen der Gesellschaft etablieren und daher nicht wirksame Mitgliedschaft an Männer und Kinder vermitteln können. Im frauen-dominanten Ehetyp bleibt die Herrschaft der Frau unzureichend legitimiert, weil die Legitimation häufig allein über den autonomen Einkommenserwerb versucht wird. So degeneriert frauliche Dominanz innerhalb dieses Realtyps leicht zu einer von Legitimationsschwäche gezeichneten Machtausübung.

Darüber hinaus ist der Stellenwert der Ehe als Institution nicht hoch veranschlagt. Mutterschaft wird nicht unbedingt an Ehe gebunden, und im Kontext matrilinearer Vermittlung der Mitgliedschaft ist dies auch konsequent. Da aber, wie erwähnt, für eine wirksame Matrilinearität die Frauengruppe normalerweise fehlt, verstärkt eine Emanzipation der Mutterschaft von Ehe - sei es gewollte uneheliche Mutterschaft, sei es im Anschluss an eine Ehescheidung in der Form der Entlassung des Mannes - nur noch die Isolierung der Mutter-Kind(er)-Gruppe. Weil in der Bundesrepublik Deutschland Ehescheidungen in aller Regel in Form einer Entlassung des Mannes aus der Mutter-Kind(er)-Gruppe durchgeführt werden, besteht ein ernstzunehmender Trend in Richtung auf diesen Realtyp.

Die weitverbreitete Anwendung von Ovulationshemmern wäre darauf zu überprüfen, ob sie einen Einfluss auf das Wertsystem der beteiligten Personen hat. Technisch liegt durch die ovulationshemmende Pille und durch deren Einnahme die Entscheidung für oder gegen ein Kind in der Ehe bei der Frau allein. Der Wille zur Vaterschaft beim Mann bleibt in dieser Perspektive unwirksam, und das beeinflusst möglicherweise im Bewusstsein aller Beteiligten einschließlich der Kinder auf die Dauer den Stellenwert von Vaterschaft. Vaterschaft könnte theoretisch ähnlich irrelevant werden wie bei den von Malinowski beschriebenen Bewohnern der Trobriand-Inseln.

Idealtypisch beruht die männerdominante Teilkultur auf dem Wertsystem autonom männlicher Kreativität. Sie legitimiert im Innenverhältnis der Ehe die Dominanz des Mannes gegenüber der Frau. Mitgliedschaft wird durch den Mann an Frau und Kinder vermittelt, weil nur der Mann Mitglied in der außerfamilialen Männergruppe ist. Diesem Idealtyp entspricht recht gut die Berufswelt der Industriegesellschaft Japans, in der deutlich sichtbar sozialer Status auf der sozialen Beziehung zwischen Männern beruht. Wendet man diesen Idealtyp jedoch auf die Berufswelt in der Bundesrepublik Deutschland an, so scheitert die Zuschreibung von Kreativität an die Männergruppe einmal an der Technik- und Bürokratieabhängigkeit und sodann, wo dies nicht zutrifft, an fehlender Solidarität innerhalb der Männergruppe.

Der idealtypisch in Bereich des Wertsystems formulierte Anspruch auf autonome Kreativität der Männer wird durch Fremdbestimmtheit und Interessenskonflikte auf der Ebene des Realtyps unglaubwürdig. Die Vermittlung von Mitgliedschaft an Frauen und auch an Jugendliche scheitert zudem oft an fehlender Identifikationsbereitschaft bei diesen mit ihren Ehepartnern und Vätern. Die männliche Dominanz in der Ehe ist daher von ganz ähnlicher Legitimationsschwäche gekennzeichnet wie der Herrschaftsanspruch der Frau in der Teilkultur fraulicher Dominanz. Im Bereich der Sexualmoral setzt dieser Idealtyp voraus, dass der Mann eine Frau findet, für die er der erste ist und die dann für ihn die letzte bleibt. Im Übrigen gilt hier mit umgekehrten Vorzeichen das, was für die matrilineare Sexualmoral zu sagen wäre.

Sowohl die frauendominante als auch die männerdominante Teilkultur soll methodisch als Abweichung von dem politisch erwünschten Normalitätsmodell betrachtet werden. Dies wäre idealtypisch die interaktive Teilkultur des bilateralen Verwandtschaftssystems. Zentrale Quelle der Kreativität wäre nach dem Wertsystem dieser Teilkultur die Mann-Frau-Interaktion. Sie setzt auf der Ebene der Großgruppenbildung in der Gesellschaft eine Männergruppe und eine Frauengruppe voraus, die je für sich einen relevanten Teilbereich der lebenserhaltenden Funktionen wahrnehmen. Die Mitgliedschaft der Gesellschaft wird über beide Gruppen bilateral vermittelt, weil jeder einzelne Mensch sich zugleich über die Männergruppe seines Vaters und über die Frauengruppe seiner Mutter zur Gesellschaft vermittelt weiß. In der Ehe werden Handlungsstrategien zwischen Mann und Frau ausgehandelt, wobei das normative Ausfüllen der Geschlechtsrollen von der Männergruppe bzw. der Frauengruppe vorgegeben ist.

Dieses in Literatur und Politik immer häufiger als partnerschaftlich bezeichnete Modell ist als Idealtyp von der sozialen Wirklichkeit vermutlich vor allem deshalb weit entfernt, weil es in sich solidarische und untereinander gleichwertige Männer- und Frauengruppen in der Wirklichkeit der Industriegesellschaften der Gegenwart kaum gibt. Noch nicht einmal der politische Anspruch, sie zu schaffen, ist ernsthaft erkennbar. Statt dessen wird vielfach unter Hinweis auf den Kreativitätsanspruch betrieben, dass Frauen immer zahlreicher in traditionelle Männergruppen der Berufswelt aufgenommen werden. Diese Tendenz ist mit außerordentlicher Skepsis in der Forschung zu verfolgen. An ihr scheitert nämlich möglicherweise überhaupt die Funktionsteilung zwischen den Männer- und Frauengruppen, und die Kreativitäts- und Produktivitätsvorteile der bilateralen Abstammungsordnung verlieren sich als Folge davon möglicherweise ebenso wie diese selbst. Eine von ihrem sozialen Umfeld isolierte Ehe kann aber bestenfalls sozialpsychologische Effekte des Spannungsausgleichs durch Metakommunikation über Konflikte versuchen, die prinzipiell nur auf der Ebene der Großgruppen lösbar wären.

Solche tendenziell kritischen Deutungen einer möglichen Sammlung von empirischen Daten über Ehe, Familie und innerfamiliale Erziehung in der Industriegesellschaft der Gegenwart können zeigen, welche Typen von Ehe und Familie überhaupt angetroffen werden, inwieweit Kontrolle der Pflichten und Gewährung des Schutzes von Ehe und Familie von überfamilialen Verwandtschaftsgruppen noch wahrgenommen werden oder inwieweit Ehe und Familie sich soweit isoliert haben, dass auch unter Berücksichtigung des Subsidiaritätsprinzips solche Schutz- und Kontrollfunktionen auf Kirche und Staat übertragen werden müssen, sowenig wünschbar dies im Übrigen sein mag. Solche kritischen Interpretationen von empirischen Daten können darüber hinaus Einsichten liefern zu der Frage, welcher Ehe- und Familientyp sich zur Tradierung welchen Wertsystems überhaupt eignet.

Dies ist eine Thematik, die sowohl den weltanschaulichen engagierten Politiker als auch die organisierte Christenheit lebhaft interessieren müsste, weil es aus religionssoziologischer und wissenssoziologischer Sicht unwahrscheinlich ist, dass innerhalb z.B., der frauen-dominanten Teilkultur der Glaube an einen allmächtigen Vater im Himmel tradiert werden kann. Solange das Nebeneinander verschiedener Ehe- und Familientypen innerhalb verschiedener Teilkulturen der Gegenwart nicht bewusst gemacht und nicht gedanklich bewältigt ist, besteht auch keine Chance, die Situation von Ehe und Familie politisch zu verbessern. Zu viele unerkannte und unbewältigte Widersprüche treten auf zwischen den verschiedenen Ebenen des theoretischen Modells.

Außerdem besteht auf der Ebene des Individualschicksals und der Einzeltherapie sowie der Eheberatung die Möglichkeit, dass in der Industriegesellschaft ein Mann und eine Frau eine Ehe eingegangen sind, obwohl sie als Individuum aus zwei verschiedenen Teilkulturen stammen. Auf der Ebene der persönlichen Begegnung zwischen ihnen in der Ehe können dann Konflikte auftreten, die erst richtig erkannt und bezeichnet wären, wenn sie als Manifestation von Kulturkonflikten gedeutet würden.

Zitierte Publikationen:

Aberle David F.: "Matrilineal Descent in Cross-cultural Perspective" in: David M. Schneider und Kathleen Gough (H) Matrilineal Kinship, Berkeley and Los Angeles, 2.Aufl. 1962

Bachofen, Johann Jakob: Das Mutterrecht, Basel 1861, 3. Aufl. 1948

Die Schöpfungsmythen: Ägypter, Sumerer, Hurriter Hethiter Kanaaniter und Israeliten, mit einem Vorwort von Mircea Eliade, Darmstadt 1977, S. 111ff.

Dunkelmann, Henning: Die erwerbstätige Ehefrau im Spannungsfeld von Beruf und Konsum, Tübingen 1961.

König, René: Die Familie der Gegenwart, München 1974, S 109

Kürthy, Tamas: Geschlechtsspezifische Sozialisation, 2. Bd., Paderborn 1978, UTB

Malinowski, Bronislaw: Das Geschlechtsleben der Wilden in Nordwest-Melanesien, Leipzig und Zürich, o.J.

Murdock George P.: "World Ethnographic Sample" in: American Anthropologist, Bd. 59 (1957), S. 664-687, siehe auch: David F. Aberle, a.a.O., S. 663

Neumann, Erich: Die große Mutter, Olten und Freiburg i. Br. 3. Aufl. 1977, S. 229

Ratzinger, Joseph, Einführung in das Christentum, München, 3. Aufl. 1978

Reinhold, Gerd: Individuum und Gesellschaft in Japan, Diss.phil., Universität München 1979, S. 195, Anm. 70

Schnackenburg, Rudolf: "Die Ehe nach der Weisung Jesu" in: F. Heinrich und V. Eid (H.), Ehe und Ehescheidung München. 1972

Familienkulturen und Patriarchen – Vaterschaft als Schwelle zur Hochkultur 1987

I. Fragestellung

Man kann Kulturen unter ganz verschiedenen Gesichtspunkten und im Hinblick auf unterschiedliche Fragestellungen betrachten. Weil das so ist, soll zuerst geklärt werden, welche Art von Kulturbetrachtung hier beabsichtigt wird. Erkenntnisleitendes Interesse ist die Frage nach dem Familientyp. Mit der Entscheidung für diese Thematik rückt die Art der sozialen Wechselwirkungen im Binnenraum der Familie in das Zentrum der Kulturbetrachtung, und verschiedene Kulturen werden danach miteinander verglichen, welche Form der Familie jeweils als richtig und 'normal' gilt.

Die altisraelische Kultur, für die weite Passagen des Alten Testaments der Bibel als Dokumentation dienen können, nimmt ihren Anfang mit den sogenannten 'Patriarchen' Abraham, Isaak und Jakob, der wegen seines mythischen Ringkampfes mit Jahwe den Ehrennamen Israel erhalten hat. Diese drei Männergestalten, und unter ihnen besonders Abraham, spielen als religiöse Heroen im Judentum, im Islam und im Christentum eine bedeutende Rolle. Die Datierung Abrahams schwankt in der fachkundigen Literatur zwischen dem 20. und dem 16. Jahrhundert vor Christus.

Wir spekulieren also über Vorgänge, von denen uns mindestens dreieinhalb, und vielleicht mehr als vier Jahrtausende trennen. Gleichwohl soll versucht werden, zu zeigen, dass die Patriarchen des alten Israel und vor allem Abraham als Begründer des Vaterschaftskonzepts und damit als Initiatoren einer neuen Komplexitätsstufe der Familienkulturen gesehen werden können. Kriterium der Gültigkeit unserer Überlegungen ist nicht irgendein Anspruch auf „reportage-artige" historische Tatsächlichkeit, sondern ausschließlich ein möglicher heuristischer Wert idealtypischer Konstruktionen. Dazu ermutigt die Beschäftigung Max Webers mit dem antiken Judentum, das ihn seit seinen Arbeiten über die Agrarverhältnisse im Altertum bis hin zur Wirtschaftsethik der Weltreligionen immer wieder beschäftigt hat.

2. "Der Kampf des Jahwismus gegen die Orgiastik" bei Max Weber

Das Interesse an der Wirtschaftsethik verschiedener Kulturen legt es für Max Weber nahe, die Konfrontation zweier Kulturen zur Zeit des antiken Judentums unter dem Gesichtspunkt der Güterproduktion zu sehen.[115] So kommt es, dass er immer wieder Bauern und Viehzüchter einander gegenüberstellt: "Abraham hält in der Sage außer Schafen auch Kamele und trinkt keinen Wein, sondern bewirtet die drei Männer der göttlichen Epiphanie mit Milch... Jakob gilt zwar, im Gegensatz zu dem Bauern Esau, wesentlich als ein in Zelten wohnender Viehzüchter, wird aber in Sichem sesshaft und kauft Land.[116] Am Schluss seines Lebens gilt es als rituell Gemiedener ohne Vermischung mit den Aegyptern leben zu können. Er betreibt Ackerbau und bedarf Getreide zur Nahrung. Allen Erzvätern wird Rinderbesitz zugeschrieben".[117]

Doch daneben interessiert sich Weber eben für die religiösen Besonderheiten, die sich zu Ackerbau beziehungsweise zu Kleinviehzucht in Parallele setzen lassen: "Der Name (Abiram) ist in Babylon häufig. Zwar enthält die dem Abra-

---

[115] Max Weber, Die Wirtschaftsethik der Weltreligionen. Das antike Judentum. Gesammelte Aufsätze zur Religionssoziologie, Bd. III, Tübingen: J. B. C. Mohr (Paul Siebeck) 1920 S. 1-400
[116] Genesis 33, 19
[117] Max Weber 1920, S. 49

ham zugeschriebene Religiosität keine erkennbaren babylonischen Züge..."[118] (4) Weber spricht hier von Babylon in einem historisch weiteren Sinne. (Tatsächlich liegt ja die im engeren Sinne als babylonisch bezeichnete Epoche zeitlich möglicherweise später als Abraham, so dass man bei ihm seiner regionalen Herkunft nach von Sumer sprechen müsste. Aber das ändert an dem richtigen Grundsatz der Aussage Webers nichts, denn auch Züge der sumerischen Religion sind bei Abraham nicht erkennbar.)

Max Weber, der sich so intensiv mit dem Thema Bürokratie beschäftigt hat, stellt den Gott Abrahams, Isaaks und Jakobs als ganz unbürokratisch dar: "Nachdrücklich weist er sein Volk darauf hin, dass in Israel nicht wie in Ägypten der Ackerertrag durch die Bewässerung bedingt werde - also, heißt das, ein Produkt der bürokratischen Verhaltung des irdischen Königs und der eigenen Arbeit des Bauern sei -, sondern durch den von ihm, Jahwe, nach seiner freien Gnade gespendeten Regen". Zur Religion der sesshaften Landwirtschaft gehört der durch König und Bürokratie wirkende, zum nomadisierenden Viehzüchter der unmittelbar aus den Wolken regierende Gott.

Eine weitere Gegenüberstellung entwickelt Weber zwischen dem im Tempel ansässigen Stadt- oder Ortsgott, den sein Verehrer eben außerhalb dieser einen Stadt nicht antreffen oder verehren konnte einerseits,[119] und dem Gott "der halbnomadischen Viehzüchter ... Sie wissen recht gut, dass Jahwe auch von nichtisraelitischen Stämmen verehrt wird."[120] Außerdem ist es für Krieger und Viehzüchter cha-

---

[118] Ebd., S. 135
[119] Ebd., S. 139
[120] Ebd., S. 144

rakteristisch, dass sie ihr Heiligtum mit sich führen, wie im Katholizismus in der Fronleichnamsprozession.

Doch die eigentliche Neuerung und bedeutsame Kulturleistung des Abrahamglaubens ist für Max Weber weniger die Universalisierung und Mobilisierung des Heiligen, sondern die Abschaffung des Orgiasmus, auf dessen sexuelle Komponente Weber ausführlich hinweist: "Die Baalkulte, wie die meisten alten Ackerbaukulte, waren und blieben bis zuletzt orgiastisch, und zwar insbesondere alkohol- und sexualorgiastisch. Die rituelle Begattung auf dem Acker als homöopathischer Fruchtbarkeitszauber, die alkoholische und orchestische (sic!) Orgie mit der unvermeidlich sich anschließenden Sexualpromiskuität, abgemildert später zu Opfermahl, Singtanz und Hierodulenprostitution, sind mit voller Sicherheit als ursprüngliche Bestandteile auch der israelitischen Ackerbaukulte nachzuweisen. Die Reste liegen zutage. Der 'Tanz um das goldene Kalb', gegen welchen nach der Tradition Mose, die 'Hurerei', gegen welche die Propheten eifern..."[121]

An die Stelle der Sexualorgiastik der Bauern, setzen die Patriarchen als Viehzüchter und Hirten das Verbot des Ehebruchs: "Der Ehebruch des Dekalogs war Verletzung der Ehe eines fremden Mannes, nicht der Bruch der eigenen Ehe. Den Geschlechtsverkehr des Mannes außerhalb der Ehe zu verpönen hat erst die spätere nachexilische Zeit begonnen..."[122] Die funktionale Bedeutung dieser Norm ist offenkundig: Es kam den Repräsentanten der neuen Kultur darauf an, für die eindeutige Bestimmung von Vaterschaft die biologischen Voraussetzungen zu schaffen. Darum durften die Frauen zum Geschlechtsverkehr nur mit einem

---

121 Ebd., S. 202
122 Ebd., S. 204

einzigen Mann zugelassen werden, der dann im Falle der Schwangerschaft als Vater feststand. Polygynie war, wie die Bibel berichtet, bei den Patriarchen üblich. Sie stand nicht im Gegensatz zum Prinzip der Vaterschaft und der patrilinearen Abstammungsordnung.

3. Der Gott der Familie Abraham

Der britische Archäologe Sir Leonard Woolley hat 1936 in einem Buch mit dem Titel "Abraham" die These vertreten, die dramatische religiöse Neuorientierung, die mit dem Namen Abraham verbunden ist, beruhe unter anderem darauf, dass an die Stelle der Staats- und Stadtgötter Sumers und Akkads ein Familiengott als Hochgott gesetzt worden sei.[123] Woolley (oder korrekter: Sir Leonard) hält sich eng an die biblische Überlieferung und verweist auf Josua 24, 2: "Jenseits des Flusses wohnten einst eure Vorväter, Terach, der Vater Abrahams und Nachors, und dienten anderen Göttern". Damit ist Abraham als Religionsstifter ausgewiesen. Zugleich hält Woolley es aufgrund seiner profunden archäologischen Kenntnisse und aufgrund eigener Ausgrabungen für plausibel, davon auszugehen, dass Abraham in der sumerischen Stadt Ur geboren und aufgewachsen und von dort mit seiner ganzen Familie in die nordsyrische Stadt Haran umgezogen sei.

Das polytheistische Pantheon sah zu der Zeit des Terach in Sumer so aus, dass zwar zahllose mittlere und niedere Gottheiten überall bekannt waren, dass jedoch jede Stadt ihren eigenen Hochgott verehrte, der speziell diese Stadt beschützte. In Abrahams Geburtsstadt Ur hat das der Mondgott Nannar, dem eine Frauengestalt Nin-Gal zur Seite stand. Allerdings gehörte die Familie Abrahams nicht den

---

[123] Sir Leonard Woolley, Abraham, London: Faber & Faber 1936

Ureinwohnern Sumers an, sondern später zugewanderten Semiten. Woolley berichtet, dass in Nordsyrien der Name des Mondgottes, der dort wie nahezu überall, wenn auch nicht als höchster aller Götter, verehrt wurde, Terach lautete. Der Vater Abrahams war ein Aramäer wie die Bewohner Nordsyriens, und er muss nach dem Mondgott benannt worden sein. Die Stadt in Nordsyrien in der wie in Ur ebenfalls der Mondgott Stadtgott hat, war Haran. Dorthin zieht Terach mit seiner Familie, als er Ur verlässt.

Die Stadt Ur wurde 2170 von den Elamitern und abermals 1885 von dem Sohn Hammurabis völlig zerstört. Überhaupt stellt die Zeit um 2000 eine historische Wende im Zweistromland dar, gekennzeichnet vom endgültigen Niedergang der ehemals blühenden Kultur Sumers und vom beginnenden Aufstieg Babylons als Großreich. Parallel dazu beobachtet der Archäologe Woolley einen auffallenden Wandel in den Bestattungssitten in Ur. Während vorher die Toten auf den öffentlichen Friedhöfen der Stadt beerdigt wurden, setzt sich nun der Brauch durch, sie unter dem Boden der Hauskapelle im Wohngebäude ihrer eigenen Familie beizusetzen, wie wir das aus unseren alten Kirchen und Klöstern kennen.

Darin sieht Woolley eine Zunahme der Bedeutung des Hausgottes, der als Beschützer der Familie im polytheistischen Pantheon schon lange vorher an untergeordneter Stelle verehrt worden war. Beim Auszug Abrahams mit seinem ganzen Clan aus Haran, wo sein Bruder Nachor als sesshafter Viehzüchter wohnen blieb, und wo dessen Kinder Laban und Rebekka aufwuchsen, konnten ihn die an die Stadtresidenz gebundenen Götter nicht begleiten, sie waren sesshaft. Nach dem Tode seines Vaters fühlte Abraham sich von dem Gott seiner Familie aufgerufen, das Wagnis der

Wanderschaft auf sich zu nehmen. So führte ihn der Namenlose, den wir als den Gott Abrahams kennen.

Die Elemente der Hypothese sind also diese: Die besondere Nähe zwischen dem Mondgott und seinem Vater legt für Abraham eine Identifikation seines Vater mit der höchsten Gottheit nahe. Der Niedergang der sumerischen Kultur und Religion stärkt die Stellung der Familiengötter, was in einem Handel der Begräbnisriten sichtbar wird. Beim Tod seines Vaters erscheint Abraham der Familiengott als der einzige machtvolle Hochgott, der ihn zum Antritt der höchst riskanten Wanderschaft aufruft und ihn unterwegs begleitet.

4. Vorschläge für eine Typologie der Familienkulturen

Weil die vorzutragende Kulturtypologie auf einer Typologie der Familienformen beruht, soll die Begrenztheit des Anspruchs, besonders im Hinblick auf eine mögliche heuristische Brauchbarkeit, mit der Bezeichnung 'Familienkultur' signalisiert werden. Als gedanklich konstruierte Idealtypen im Sinne der Methode Max Webers werden fünf Familienkulturen unterschieden. Das Kriterium der Unterscheidung ergibt sich aus der Frage: Aufgrund wovon betrachten die Angehörigen der betreffenden Primärgruppe einander als zusammengehörig? Die denkbaren Antworten lauten:

a) aufgrund des gemeinsamen Essens von einem Tierleib: Mahlgemeinschaft der Steinzeitjäger

b) aufgrund sexueller Vereinigung: Frauentausch,

c) aufgrund der gemeinsamen Abstammung von einer Mutter: Matriclan

d) aufgrund der gemeinsamen Abstammung von einem Vater: Patriclan

e) aufgrund der gemeinsamen Abstammung von einem Elternpaar: Clanfusion, bilateral.

Die fünf so angedeuteten Familienkulturen sind jedoch in dem folgenden Versuch nicht von gleicher Bedeutung. Zentrales Thema ist hier das Konzept 'Vaterschaft' als Kulturphänomen. Von den fünf Idealtypen sind nur zwei (die Typen d und e) so konstruiert, dass sie 'Vaterschaft' als Bestandteil der Familienkultur voraussetzen. Die drei anderen Kulturtypen implizieren die Hypothese, Vaterschaft als Kulturphänomen sei nicht Voraussetzung von Familienkultur überhaupt, sondern ein Merkmal relativ hoher Komplexität. Ausgangspunkte für die Herstellung sozialer Verbundenheit sind vor dem Hintergrund des Vergleichs unserer beiden ersten Idealtypen die Teilhabe an dem gemeinsamen Mahl und die sexuelle Vereinigung.

Konzepte der Verwandtschaft als Verbundenheitserlebnisse auf der Grundlage von Bewusstheit über gemeinsame leibliche Vorfahren fehlen in beiden Modellen noch völlig. Sie treten erst im Zusammenhang mit dem Matriclan auf. Wir halten jedoch fest, dass schon auf einer sehr niedrigen Komplexitätsstufe, die man präfamilial nennen kann, zwei naturale Verhaltensbereiche, Nahrungsaufnahme und Kopulation, kulturell in der Weise überformt werden, dass ihr sinnhaltiger und kultivierter Vollzug als ein rituelles Handeln gedeutet werden kann, das dauerhafte soziale Bindungen begründet und erhält.

Kulturelle Überformung kann, muss aber nicht religiös abgestützt sein. Eine religiöse Sanktionierung sozialer Normen erhöht allerdings den Konformitätsgrad, weil im Falle der Normverletzung die jeweilige Gottheit unmittelbar beleidigt und herausgefordert ist und sich damit gegenüber dem Nonkonformisten die Frage der Mitgliedschaft in seiner

Kulturpopulation stellt. Die Einhaltung des Inzesttabus denken wir uns denn auch schon auf dem Niveau niedrigster Komplexität als religiös sanktioniert. Die für zulässig gehaltene Ausübung von Sexualität gilt weder im Kontext der Mahlgemeinschaft noch des Frauentausches noch selbst des Matriclans für sich genommen als geheiligte Handlung. Wir werden sehen, dass das bei dem Idealtyp des Patriclans anders zu denken ist.

Das Nebeneinander zweier Frauentypen innerhalb einer Lokalgruppe, das wir für den Idealtyp des Frauentausches postulieren, lässt sich als wichtiger Schritt zur Differenzierung des Frauenbildes und damit zur Zunahme der Komplexität in der betreffenden Kultur deuten. Als ein wesentlicher Unterschied zwischen den beiden Formen weiblicher Existenz wird im Erleben der beteiligten Menschen zu denken sein, dass die noch nicht eingetauschten Frauen, da tabuisiert, unfruchtbar blieben, während die eingetauschten als Sexualpartnerinnen fruchtbar wurden. Weibliche Fruchtbarkeit wurde so ein kulturrelevantes Kriterium der Zugehörigkeit zu dieser oder jener Frauengruppe. Im Falle Abrahams ist seine Halbschwester Sara, die wie er ein Kind Terachs ist, zunächst als Schwester tabuisiert und unfruchtbar, später als quasi Eingetauschte die Mutter des Isaak.

Der neu erworbene Komplexitätsgrad könnte als vorübergehende Erscheinung bald wieder untergehen, würde er nicht durch religiöse Sanktionierung zum festen Inventar der Kultur. So kommt bei dem Idealtyp des Matriclans als dritter institutioneller Bereich, der nicht nur soziokulturell, sondern auch religiös überformt wird, zu Beachtung des Inzesttabus und festlicher Nahrungsaufnahme, das der Fruchtbarkeit und Geburt hinzu. Es geht dort dann nicht in erster Linie um soziales Handeln im Umkreis der gemeinsamen Mahlzeit

oder der Sexualität, obwohl freilich die hohe Kulturbe-
deutung dieser Bereiche konserviert wird. Die wirklich neue
- im Sinne von zusätzliche - Qualität beruht beim Matriclan
darauf, dass hier Mitgliedschaft in der Primärgruppe an die
Tatsache anknüpft, aus einem Mutterleib hervorgegangen
zu sein.

Analog zum Modell der Mahlgemeinschaft, knüpft die Kultur
auch des Matriclans bei der Definition primärer und lebens-
langer Verbundenheit nicht bei der sexuellen Vereinigung
an. Wie dort die Einheit des einen Tierkörpers auf die Gemeinschaft der Fleischkonsumenten übergeht, so hier die
Einheit des Leibes der einen Mutterperson auf die Mitglieder
des Clans, die alle ihre Nachkommen sind. Wir haben damit
die einfachste Form von Verwandtschaft vor Augen, die in
der Sprache der Ethnologie als matrilineare Abstammungsordnung bezeichnet wird.

Die kulturelle Überformung naturaler Funktionen wird auf der
Ebene religiöser Sanktionierung besonders eindrucksvoll
anschaulich, wenn die betreffende Funktion zur heiligen
Handlung einer Gottheit erhoben wird. Bestandteil unseres
Idealtyps der Mahlgemeinschaft als gedankliches Konstrukt
einer präfamilialen Kultur ist die Tiergottheit, die sich leben-
spendend der von ihr verehrten Kulturpopulation als Speise
hingibt. Die fleischliche Integrität des Leibes die Tiergottheit
geht auf die Gruppe der Esser über und besiegelt immer
wieder neu die Solidarität der Teilnehmer der Mahlgemeinschaft. Zur Illustration eignen sich Feldstudien über den
Schamanismus, besonders den Bärenritus. Als Beispiel
einer späten orgiastischen Variante mögen die Hinweise auf
die orgiastischen Bräuche in Bauernkulturen bei Max Weber
dienen.

Der Idealtyp des Patriclans bringt im Vergleich zu den drei vorher konstruierten Typen vor allem entscheidende Veränderungen im Bereich der kulturellen Überformung der Sexualität. Die streng restriktive Regelung des Sexualverhaltens zunächst der Frau war schon bei Max Weber unter Hinweis auf den Dekalog erwähnt worden. Sie ist nicht nur Konstruktionselement des Idealtyps, sondern historisch unbestreitbares Kennzeichen der Kulturen des Alten Testaments der Bibel und des modernen Japans. Als die damit gleichsam erkaufte Errungenschaft und als Merkmal der Zunahme kultureller Komplexität wird Vaterschaft als Kulturkonzept stabilisiert.

Vaterschaft und Mutterschaft erscheinen bei oberflächlicher Betrachtung als symmetrische und analoge Sozialformen. Ein solches Bild kann jedoch nur bei außerordentlicher Voreingenommenheit aufrechterhalten werden. Denn tatsächlich ist die biologisch-empirische Fundierung von Mutterschaft ungleich wirksamer als die von Vaterschaft: Ein Kind lernt auf weit vitalere und anschaulichere Weise, wer seine Mutter ist, als dies beim Vater der Fall ist. Mutterschaft ist ein Ergebnis einer Geburt, an die die Beziehung zum Kind durchweg unmittelbar anschließt. Die biologisch begründeten wechselseitigen Abhängigkeiten zwischen Mutter und Neugeborenem sind so intensiv, dass eine Bindung - von Ausnahmen abgesehen - auch bei sehr starken Belastungen aus dem sozio-kulturellen Bereich, bestehen bleibt. Vaterschaft dagegen ist ein ideelles Konzept, das sich verwirklichen kann oder nicht.

Die Tatsache der biologischen Zeugung allein als Vaterschaft zu bezeichnen, ist im Kontext der hier vorgeschlagenen Typenkonstruktion nicht sinnvoll. Vaterschaft als Kulturkonzept jedoch setzt anspruchsvolle Vorkehrungen zur Sicherung sozialer Definitionen voraus. Die biologische

Komponente von Vaterschaft wird dadurch allerdings keinesfalls hinfällig: sie ist im Gegenteil notwendige Grundlage kultureller Definition.

Um körperliche Vaterschaft feststellen zu können und um damit die Anknüpfungsgrundlage für kulturelle Vaterschaft zu sichern, musste die Sexualität, insbesondere die der Frage, im Normengefüge der patrilinearen Kultur weit strenger reglementiert werden, als dies in mutterkulturellen Gesellschaften erforderlich war. Darum war es notwendig, die orgiastischen Rituale der Bauernkulte, von denen Max Weber berichtet, zu verbieten.

Weil für jedes etwa gezeugte Kind unbezweifelbar feststehen musste, wer sein Vater war, wurde es erforderlich, in der Kultur Abrahams Sexualität und Fruchtbarkeit fest miteinander zu verbinden. Da die Fruchtbarkeit Abrahams als vom Familiengott der drei Patriarchen unmittelbar verliehen gedeutet wurde, konnte fortan jene Form der Sexualität als geheiligt gelten, in der sich die Bereitschaft zur Vaterschaft als Wille zur Annahme des göttlichen Fruchtbarkeitssegens manifestierte.

Jede andere Form des Sexualverhaltens blieb profan, oder wurde gar als implizites Bekenntnis zu heidnischen Religionen gedeutet. Erst diese definitorische Wirklichkeitskonstruktion der patrilinearen Kultur vermochte die Institutionen Vaterschaft und, als deren Voraussetzung, Ehe, religiös abzustützen. Darin kann die kulturstiftende Leistung der altisraelischen Patriarchen gesehen werden.

Aufgrund der gemeinsamen Abstammung von einem Elternpaar fühlen sich die Angehörigen eines Verwandtschaftsverbandes nach dem Idealtyp der Clanfusion verbunden. Die Eheschließung bewirkt nach diesem Denkmodell nicht etwa nur die Verbindung zweier Individuen, sondern die Fusion ihrer Herkunftsfamilien zu einem Clan.

Zum Glück sind wir im Bereich des Idealtyps der Clanfusion weit weniger auf Spekulation angewiesen als bei den Typen der Mahlgemeinschaft, des Frauentausches und des Matriclans, denen nach den Kriterien unserer gedanklichen Konstruktion schriftlose Kulturen entsprechen. Mit dem Komplexitätsgrad, der auf der Stufe des Patriclans erreicht wird, setzt die schriftliche Überlieferung ein, beginnend mit den Keilschrifttexten in Sumer vor 5.000 bis 7.000 Jahren. Das historische Anschauungsmaterial zum Typ der Clanfusion ist noch leichter aufzuschließen, weil es uns zeitlich weit näher liegt.

Ich stütze mich zur Illustration der Wandlungen der Familienkultur im Übergang zur Clanfusion auf die Forschungen des Staatskirchenrechtlers und Rechtshistorikers Paul Mikat. Er hat in einer Arbeit von 1970 die Wirkungen der Christianisierung auf die Franken anhand der Beschlüsse früher Regionalkonzilien der jungen christlichen Kirche untersucht.[124] Mikat verwendet die unter Rechtshistorikern üblichen Textausgaben der Concilia Galliae, also der sich auf Gallien beziehenden Kirchenversammlungen aus den Jahren 314 bis 695. Von besonderem Interesse sind "die gallischen Konzilien des 6. Jahrhunderts; auf das Wirken dieser Synoden, das sich in den immer wieder aufgegriffenen und eingeschärften Kanones über die Inzestverbindungen verfolgen lässt, ist es dann auch zurückzuführen, dass

---

[124] Paul Mikat, Religionsrechtliche Schriften. Abhandlungen zum Staatskirchenrecht und Eherecht, herausgegeben von Joseph Listl, Berlin: Duncker & Humblot, zweiter Halbband 1974. Darin: Die Inzestverbote des Konzils von Epeon, S. 869-888

am Ende des 6. Jahrhunderts schließlich die wichtigsten Tatbestände in das fränkische Recht rezipiert wurden."[125]

Aus dem Jahre 511 stammen zwei für uns wichtige vom Konzil von Orleans verabschiedete neue Verbote:

a) Es gilt von nun an kirchenrechtlich als Inzest, die Witwe des eigenen Bruders zu heiraten, und

b) Schwestern der eigenen - etwa verstorbenen - Ehefrau fallen nun gleichfalls unter den Begriff des Inzests.

Das empfanden die Franken als unverständlich und als im Gegensatz zu ihren vorchristlichen Stammesgesetzen stehend.

Diese von den Sprechern der neuen christlichen Kultur propagierte Tendenz wird noch deutlicher in den Synodenbeschlüssen des Jahres 517 aus dem Konzil von Epaon. Mikat schreibt: "Im 30. Kanon der Bestimmungen des Konzils von Epaon werden nämlich außer den beiden Verboten des Konzils von Orleans sechs weitere Tatbestände aufgeführt und es wird ferner darauf hingewiesen, dass es darüber hinaus noch andere inzestuöse Tatbestände gebe, die aufzuzahlen sich jedoch nicht schicke".[126] Wir spüren hier den Übergang von der pragmatischen Regelung konkreter Streitfragen, um die es wohl in Orleans gegangen war, zu einer grundsätzlichen Behandlung des Themas. Dabei gelangt die Phantasie des um Systematik bemühten Kanonisten dann in die Bereiche des Unaussprechlichen. Mikat schreibt: "Das Konzil von Epaon, das am 15. September 517 seine Beratungen abschloss, war die erste große Kirchenversammlung, die im Königreich

---

[125] Ebd., S. 869
[126] Ebd., S. 870

Burgund nach dem Übertritt von Herrscher und Volk zum Katholizismus zusammentrat."[127] Der unmittelbare Zusammenhang zwischen Christianisierung und Neufassung des Inzestbegriffes wird dadurch deutlich.

Die Quellen, die ausführlich zu referieren hier zu weit vom Thema abführen würde, lassen erkennen, wie groß die Schwierigkeiten der Kirche waren, das christliche Inzestverständnis durchzusetzen. Das traf nicht etwa nur für Burgund oder Gallien zu, sondern schon in früheren Jahrhunderten in anderen Region der damals schrittweise christianisierten Welt. Zu Beginn des 4. Jahrhunderts war als Strafe für eine Heirat mit der Witwe des Bruders nicht nur mit Exkommunikation, sondern sogar mit Hinrichtung gedroht worden.[128] Das zeigt vor allem dies: Das vorchristliche Inzestverständnis wich vom christlichen ab, und die christlichen Institutionen hatten Schwierigkeiten, ihre Sicht gegenüber den traditionellen Stammeskulturen Europas plausibel zu machen.

Der große Kirchenlehrer Basilius lieferte dann die einzig einleuchtenden Argumente, als er die Stelle aus Genesis 2, 24 von dem "ein Fleisch werden" durch die Eheschließung heranzog. Die Stelle besagt, "dass Mann und Frau durch die Ehe ein Fleisch geworden seien, und dass daher die Schwester der Ehefrau ebenso zur Verwandtschaft des Mannes gehöre wie ihre Mutter oder ihre Tochter."[129] Damit wird so argumentiert, wie es auch dem Konstruktionsprinzip entspricht, das wir beim Idealtyp der Clanfusion berücksichtigt haben. Eheschließung bedeutet die Verschmelzung zweier ehemals getrennter Clans zu einem einzigen. Dem-

---

[127] Ebd., S. 871
[128] Ebd., S. 876
[129] Ebd., S. 877

nach fallen alle Mitglieder beider fusionierten Clans unter das abstrakte Kriterium: wer mit einem Angehörigen des eigenen Clans sexuellen Kontakt aufnimmt, bricht das Inzesttabu.

Zitierte Publikationen:

Helle, Horst J.: China: Promise or Threat? A Comparison of Cultures, Leiden: Brill 2017.

Mikat, Paul: Religionsrechtliche Schriften. Abhandlungen zum Staatskirchenrecht und Eherecht, herausgegeben von Joseph Listl, Berlin: Duncker & Humblot, zweiter Halbband 1974. Darin: Die Inzestverbote des Konzils von Epeon, S. 869-888

Weber, Max: Die Wirtschaftsethik der Weltreligionen. Das antike Judentum. Gesammelte Aufsätze zur Religionssoziologie, Bd. III, Tübingen: J. B. C. Mohr (Paul Siebeck)   1920 S. 1-400

Woolley, Sir Leonard: Abraham, London: Faber & Faber 1936

Stufen der Theodizee und der Familie 1983

1. Thema und Methode

In seinem soziologischen Hauptwerk entwickelt Max Weber (1864-1920) die These von der Parallelität zwischen "zunehmender Rationalität der Weltbetrachtung" und zunehmendem "Bedürfnis nach einem ethischen 'Sinn' der Verteilung der Glücksgüter unter den Menschen. Die Theodizee stieß dabei mit zunehmender Rationalisierung der religiös-ethischen Betrachtung und Ausschaltung der primitiven magischen Vorstellungen auf steigende Schwierigkeiten. Allzu häufig war individuell 'unverdientes' Leid."[130] Die geistige Auseinandersetzung mit der vermeintlichen Ungerechtigkeit Gottes oder der Götter veranlasste den Menschen als Teilhaber dieser oder jener Kultur dazu, immer neue Stufen der Theodizee zu erdenken. Ein Beispiel für die Konfrontation zweier verschiedener Deutungen von Leid enthält das Johannesevangelium: "Und im Vorbeigehen erblickte er einen Menschen, der von Geburt an blind war. Und seine Jünger fragten ihn: 'Rabbi, wer hat gesündigt, dieser oder seine Eltern, dass er blind geboren wurde?' Jesus antwortete: 'Weder dieser hat gesündigt noch seine Eltern. Vielmehr sollen die Werke Gottes an ihm offenbar werden.'"[131]

Neben Krankheit, körperlichem Leid und Tod war es in der Geschichte der Kultur vor allem wirtschaftliche Not, die mit Hilfe der jeweiligen Theodizee als sinnhaft gedeutet werden

---

[130] Max Weber, Gesammelte Aufsätze zur Religionssoziologie. Tübingen J.C.B. Mohr (Paul Siebeck), 7. Aufl. 1978, Bd. I, S.246. Vgl. Zur Diskussion um die Frage, welches das Hauptwerk Max Webers sei: Friedrich H. Tenbruck, Das Werk Max Webers, in: Kölner Zeitschrift für Soziologie und Sozialpsychologie, 27.Jg., 19.5, S. 663-702
[131] Joh 9, 1-3

musste. Doch in den Wohlstandsgesellschaften der Gegenwart ist die Furcht, Hunger leiden zu müssen, weit geringer als die Furcht vor leidvollen Erfahrungen in der Familie. Ein die ganze Gesellschaft umgreifender Konsens über die Form der Arbeitsteilung zwischen Mann und Frau, über die Rechte und Pflichten von Eltern und ihren Kindern im Umgang miteinander und über die Normierung des Sexualverhaltens vor, in und neben der Ehe ist in der Gegenwart nicht gegeben. Die Folge sind Meinungsverschiedenheiten zwischen Personen, die einander zu nahe stehen als dass einer der Überzeugung des anderen gegenüber gleichgültig sein könnte, und das Erlebnis des Dissenses in Fragen von fundamentaler ethischer Bedeutung sowohl in der Theorie als auch in der Praxis führt tief hinein in jenen Bereich des Leids, von dem hier zu reden sein wird. Zu den ungleich verteilten Glücksgütern unter den Menschen gehört heute ganz offensichtlich das Familienglück im weitesten Sinne. Familienglück ist ein rares Gut geworden, und das Christentum muss sich daran messen lassen, ob es angesichts der ungleichen Verteilung dieses Gutes fähig ist, Gott als liebevoll und als gerecht erscheinen zu lassen. Der Versuch, christliche Theodizee und christliche Familie als Parallelen aufeinander zu beziehen, soll nicht am Beginn sondern am Schluss dieser Untersuchung stehen. Zu dem Ziel soll eine Vorgehensweise hinführen, bei der gedanklich als Idealtypen konstruierte Stufen der Theodizee den ihnen entsprechenden Stufen der Familie zugeordnet werden. Ein solches Verfahren erweckt wohl den Verdacht, als sei eine Neuauflage des Evolutionismus beabsichtigt, wie er vor etwa einem Jahrhundert von Lewis H. Morgan[132] und anderen vertreten wurde. In Wahrheit wird aber hier die Abfolge der Stufen

---

[132] Elman R Service, The Mind Of Lewis H. Morgan, in: Current Anthropology, Bd. 22, Nr. 1 (February 1981), S. 25-31

nicht mit der Vorstellung verbunden, dass sich darin ein Entwicklungsgesetz manifestiere, sondern mit der Hoffnung, ein heuristisches Instrumentarium zu bieten, das bei der Erforschung von Problemen der Religion und der Familie der Gegenwartsgesellschaften nützlich sein kann.

2. Fertilität und Virginität

Eines der ernsten Probleme in Industriegesellschaften der Gegenwart, das schon im Vorfeld von Eheschließung und Familiengründung die junge Frau betrifft, besteht darin, dass sie nahezu keine Aussicht hat, einem Mann zu begegnen, der zur Übernahme der Verantwortung als Ehemann und zukünftiger Vater fähig und willens ist. Das koedukative Erziehungssystem führt gleichaltrige junge Menschen zueinander und fördert die Bildung sehr junger Paare Gleichaltriger.

Das traditionell christliche Eheverständnis sieht vor, dass die junge Frau sehr wohl im Alter von 18 bis 20 Jahren ehefähig ist, dass jedoch der junge Mann seine Berufsausbildung abgeschlossen haben und über ein zur Familiengründung ausreichendes Einkommen verfügen muss. Insoweit einerseits diese konservativen Orientierungsmarken fortgelten, während andererseits immer jüngere gleichaltrige Paare ihre Beziehung erotisieren, nimmt die Erfahrung von Leid in solchen Bindungen zu. Der junge Mann hat gelernt, vor Abschluss seiner Berufsausbildung keine tiefe und ernste Liaison eingehen zu dürfen. Daher ist es für ihn konsequent, wenn er sich in Paarbeziehungen eher oberflächlich verhält. Dies gilt freilich für umso mehr Lebensjahre, je höher der Ausbildungsanspruch, also bei Abiturienten und Studenten länger als bei Berufstätigen mit Hauptschulabschluss.

Die junge Frau hat gelernt, nach einem Mann zu suchen, der der Vater ihrer Kinder zu sein bereit ist. Den wird sie aber unter den gleichaltrigen Männern kaum finden können, es sei denn, sie hat die Fähigkeit, viele Jahre zu warten. Sie gerät nun aber unter zwei verschiedene Einflüsse, die sie von der hier einmal unterstellten ursprünglichen traditionalen Bereitschaft zu Ehe und Mutterschaft entfernen: zum einen erwarten Eltern, Erwachsene und Gleichaltrige für die junge Frau eine ähnlich zeitraubende Berufsausbildung, wie der junge Mann sie durchläuft, zum anderen erwartet die Jugendkultur eine immer frühere Aufnahme des vollen Geschlechtsverkehrs als Ausweis psycho-sozialer Norma-lität.

"In einer Industriestadt Nordrheinwestfalens gibt es noch ein katholisches Mädchen-Gymnasium, auf das die Eltern ihre Tochter gern schicken, in der Hoffnung, dort werde die christliche Kultur tradiert. Tatsächlich befragen in der Unterprima alle 20 Mädchen einander offen, ob sie schon Geschlechtsverkehr gehabt haben. Die drei einzigen, die dies verneinen, werden zu belächelten, altmodischen Außenseitern, die mit 17 Jahren sich sorgenvoll nach einer Gelegenheit umschauen, es ihren Klassenkameradinnen gleichzutun."[133]

Maßgebendes Merkmal für einen Kulturvergleich ist bei dieser konfliktreichen und daher leidvollen Entwicklung der Umstand, dass entgegen jahrtausendealten christlichen und vorchristlichen Normierungen Sexualität und Fertilität völlig voneinander getrennt werden. Diese Trennung, von den jungen Paaren gewollt und aufgrund allgemeiner Zugäng-lichkeit empfängnisverhütender Mittel technisch ermöglicht,

---

[133] Horst Jürgen Helle, Der besondere Schutz des Staates für Ehe und Familie, in: Politische Studien, Sonderheft 2/1979, S. 87-95, S 93

ist als physische Realität in dieser Form gewiss ein Novum in der Geschichte der Menschheit. Und man muss viele Jahrtausende in die Vergangenheit zurückgehen oder zu Eingeborenen mit niedrigem Entwicklungsstand reisen, um auch nur die Vorstellung von einem Getrenntsein, von der Abwesenheit jeder Kausalverknüpfung zwischen Geschlechtsakt und Fruchtbarkeit anzutreffen. Allerdings ist dieser Punkt in der ethnologischen Fachdiskussion so kontrovers, dass wir mehrere Autoren dazu hören werden. A. W. Nieuwenhuis schreibt: "Sehr bemerkenswert ist aber, dass den Zentral-Australiern die Einsicht fehlt, dass nur durch den Verkehr des Mannes mit der Frau Schwangerschaft erzielt werden kann. Die Unkenntnis der Verbindung von Koitus und Schwangerschaft wird von vortrefflichen Zeugen wie Spencer, Gillen und Strehlow ausdrücklich versichert und kommt übrigens auch andern Ortes vor."[134]

B. Malinowski unternimmt in den Jahren 1915 und 1917 intensive Feldforschung bei den Trobriand-Insulanern und berichtet über sie, sie glaubten, Kinder entstünden dadurch, dass sie von winzigen Geistern in den Mutterleib hineingelegt würden, und zwar von den Geistern verstorbener Verwandter der Mutter.[135] In seiner deutschsprachigen Publikation schreibt Malinowski, die Trobriander hätten die Vorstellung, "dass einzig und allein die Mutter den Leib des

---

[134] A. W. Nieuwenhuis, Die Entstehung der Ehe, in: Graf Hermann Keyserling (Hg.), Das Ehe-Buch, Heidelberg, Niels Kampmann Verlag 1925, S. 55-75, 5. 64
[135] Bronislaw Malinowski, Sex and Repression in Savage Society, 1927, zitiert in: Horst Jürgen Helle, Familie als Grundmodell für Werte und Wertvermittlung, in: Ansgar Paus (Hg.), Werte Rechte Normen, Kevelaer: Butzon & Bercker 1979, S. 255-304, 5. 263

Kindes aufbaue und dass der Mann in keiner Weise zu seiner Entstehung beitrage."[136]

Als er später den theoretischen Ertrag seiner Feldforschung formuliert, schreibt er: "I found that the whole doctrine of matrilineal identity in kinship is based on the natives' theory of procreation. I found also that the importart sociological part played by the father is based on certain secondary, derivative views as to paternal influence upon the offspring in its embryonic state."[137] Wenn in der Tat die soziale Stellung des Mannes als Vater und der Frau als Mutter davon abhängt, welche Sicht von ihrem jeweiligen Beitrag zur Zeugung des Nachwuchses vorherrscht, dann müssten die verschiedenen modernen Verhaltensweisen und Techniken im Umkreis von Empfängnisverhütung unter diesem Gesichtspunkt durchdacht werden.

Der wohl wichtigste Effekt der Trennung von Geschlechtsakt und Fruchtbarkeit ist die Entlassung des männlichen Sexualpartners aus einer Verpflichtung zur Vaterschaft. Die nicht verheiratete junge Frau der Gegenwart, die sich um eine erotische Bindung an einen gleichaltrigen Mann bemüht, steht genau unter dem Druck, eine solche Entlassung aus der Verpflichtung zur Vaterschaft vornehmen zu müssen. Der dramatische Rückgang des Stellenwertes von Vaterschaft in modernen Industriegesellschaften kann hier nur angedeutet werden. Er legt jedenfalls den Vergleich mit Kulturen nahe, die ebenfalls durch Schwäche oder gar Abwesenheit des Vaterkonzepts gekennzeichnet sind.

Innerhalb der kulturhistorischen Schule der Ethnologie haben besonders W. Schmidt und W. Koppers stets bestritten,

---

[136] Ders., Das Geschlechtsleben der Wilden in Nordwest-Melanesien, Leipzig und Zürich, o.J. (1929), S. 3
[137] Ebd., S. 8, Siehe hier vorn im Buch den Titelbereich!

dass es eine vaterlose Kultur zu Beginn gegeben habe. Sie deuten den Schöpfungsbericht der Bibel so, dass von Anfang an die monogame Ehe normal war, und zwar seit Anfang der Menschheit und nicht etwa erst seit Anfang jener Kultur, für die das Volk des Alten Bundes steht. Alle anderen Formen der Ehe und Familie seien Abfall vom Ursprung infolge der Erbsünde. Aufgabe der Christenheit sei es, für die Wiederherstellung des Urzustandes zu wirken.

Hierbei wird freilich die ethische Norm der Bibel als empirische Aussage über die Frühgeschichte der Menschheit missverstanden. Angaben über die Ursprünge menschlicher Kultur können aber mangels eindeutiger Quellen nur Spekulationen sein. Die Erfahrungen im Umgang mit der biologischen Entwicklungslehre Darwins zeigen, dass der biblische Schöpfungsbericht nicht als Tatsachenbeschreibung gelesen werden darf. Dies gilt vermutlich für die Wirklichkeit der Biologie des Menschen genauso wie für die kulturhistorische Wirklichkeit.

Ebenso wenig wie es heute als Angriff auf die Bibel verstanden wird, wenn man den menschlichen Körper als den Höhepunkt einer unvorstellbar langen Kette biologischer Evolution ansieht, sollten es die modernen Vertreter der kulturhistorischen Schule der Ethnologie als unchristlich ansehen, wenn mit einer Hypothese gearbeitet wird, nach der Vaterschaft und Einehe späte Errungenschaften der Kulturen in der Nachfolge Abrahams sind.

Eine solche Hypothese ermöglicht es, davon auszugehen, dass das Problem der Harmonisierung von Sexualität und Fertilität in den frühesten Phasen der Kultur auf der Frau allein lastete, weil der Beitrag des Mannes zu ihrer Fruchtbarkeit unbekannt war. "Les premiers hommes ignoraient le role du male dans la procreation..."[138] Daher wird für die jüngere Altsteinzeit eine "Genitrix" als Quelle weiblicher Fruchtbarkeit vermutet: "Elle etait un moyen d'assurer la fecondite dans un monde ou les etres appartenaient deja oux diverses especes vegetales et animales. Elle pouvait engendrer per elle-meme, sans s'accoupler avec un male."[139] Sie segnete alles, damit Menschen, Tiere und Pflanzen fruchtbar seien und sich vermehrten, sie teilte allem ihre eigene Fruchtbarkeit mit, die sie aus eigener Vollkommenheit und eben unabhängig von Sexualität, also jungfräulich hatte.

Die Weitergabe der Fertilität von dem höchsten weiblichen Wesen an die menschliche Frau erfolgte selbstverständlich ebenfalls jungfräulich. Diese nicht nachweisbare, aber als spekulative Hypothese unterstellte Urreligion leistete eine erste und fundamentale Theodizee. Heiliges und Profanes werden gegeneinander abgegrenzt und die Vorstellungsinhalte der Menschen werden dem einen oder dem anderen zugeordnet. Dabei fällt die Sexualität in den profanen Bereich und die Fertilität in den heiligen. Eine solche Trennung ist auf der Stufe dieser ersten Form einer Theodizee nur möglich, weil Fruchtbarkeit als jungfräuliche Fertilität verstanden wird. So gilt Geschlechtsverkehr als ein rein weltlich' Ding, Schwangerschaft und Geburt jedoch sind heilige Ereignisse.

3. Virginität in der Familie

Konstruiert man gedanklich den Typ einer Familie, die sich den Kultus der jungfräulichen Muttergottheit zu eigen macht, so müsste der geheiligte Binnenraum einer solchen Lebens-

---

[138] Jean Przyluski, La Grande Deesse, Paris: Payot 1950, S. 93
[139] Ebd.

gemeinschaft von Sexualität gänzlich frei bleiben. Heranwachsende Geschwister bleiben bei ihrer Mutter und beieinander, und die Brüder sorgen als erwachsene Männer für ihre Schwestern. So sagt noch Abraham von Sara: "Auch ist sie wirklich meine Schwester, eine Tochter meines Vaters, nur nicht die Tochter meiner Mutter."[140]

Da das Inzesttabu in der Beziehung zwischen Bruder und Schwester, von besonders gelagerten Ausnahmen abgesehen, wirksam war,[141] musste bei Beschränkung der Sozialkontakte der Frau auf männliche Verwandte ihre Unfruchtbarkeit als Jungfrau die höchst problematische, weil unerwünschte Folge sein. Unter dem Leidensdruck, der durch den Vorwurf der Unfruchtbarkeit bei der Frau erzeugt wurde, wuchs die Sehnsucht nach einer Theodizee, die doch auch die Empfängnis aus dem profanen Bereich in die Sphäre des Heiligen hereinnahm.

Die Ehe als Lösung dieses Problems hatte man aber noch nicht entdeckt. Josef Scharbert hat auf die kaum beachtete Tatsache hingewiesen, dass im Alten Testament das Wort Ehe fehlt: "Das Hebräische hat keinen Terminus für 'Ehe' oder 'heiraten'. Die Wendung 'A ist der Mann/die Frau von B' kennzeichnet den Mann oder die Frau genügend als verheiratet."[142] Man kann aber verschiedene Textstellen der Bibel als Angebot genau der hier gemeinten Theodizee lesen: als Heiligung der Empfängnis außerhalb der Familie.

---

[140] Genesis 20, 12

[141] Nikolaus Sidler, Zur Universalität des Inzesttabus, Stuttgart: Ferdinand Enke 1971

[142] Josef Scharbert Ehe/Eherecht/Ehescheidung, II. Altes Testament, in: Theologische Realenzyklopadie, Bd. IX, Lieferung 1/2, Berlin, New York: Walter de Gruyter, S. 311-313, S. 311

"Jahwe erhörte Manoach, und der Engel Jahwes kam erneut zu der Frau, als sie gerade auf dem Felde war; Manoach, ihr Mann, war nicht bei ihr. Schnell lief sie hin, um es ihrem Mann zu erzählen, und sprach zu ihm: 'Siehe, der Mann ist mir erschienen, der des anderen Tags zu mir gekommen war.'"[143] Dies ist ein Auszug aus der Geschichte von der Empfängnis des Simson. Von heilsgeschichtlich weit größerer Bedeutung ist die Darstellung der Empfängnis Isaaks, und eben wegen der Wichtigkeit dieser Textstelle ruft eine abweichende Exegese hier weit mehr Widerspruch hervor als im Falle der Empfängnis des Simson.

Bezieht man Philo und die rabbinische Tradition der Auslegung der Erscheinung in Mamre in die Erwägung ein, so zeigt sich, dass Isaak sowohl als von Gott empfangen als auch als von Abraham empfangen verstanden wird.[144] Als Abraham die drei Männer bewirtet hat, die im Schatten des Baumes lagen, heißt es im Text: "Dann fragten sie ihn: 'Wo ist deine Frau Sara?' Er antwortete: 'Hier im Zelt.' Da sprach er: 'Ich werde im nächsten Jahr um diese Zeit wiederkommen, dann hat deine Frau Sara einen Sohn.' Sara horchte hinter ihm am Eingang des Zeltes."[145] Wie immer die Einzelheiten der Exegese ausfallen mögen, fest steht dies: die Unfruchtbarkeit der Sara wird überwunden durch göttliche Intervention, ihre Empfängnis ist ein heiliges, nicht ein profanes Ereignis. Sie kann schwanger werden, einen Sohn gebären und ihn ihrem Bruder zur Betreuung und

---

[143] Ri 13,9 u. 10 – Vgl. auch: Joseph Ratzinger, Einführung in das Christentum, München: Kösel, 3. Aufl. 1968, S. 94
[144] David Bakan, And They Took Themselves Wives, San Francisco: Harper & Row 1979, S. 122 f.
[145] Gen 18,9 u. 10

Erziehung übergeben ohne Schuld und Konflikt erleben zu müssen.

4. Männliche Fertilität

Die Fruchtbarkeitsgöttin des Paläolithikums, die Erdmutter Gaia der griechischen Mythologie und andere ähnliche Vorbilder aus schriftloser Zeit könnten in der biblischen Gestalt der Sara noch nachklingen. David Bakan weist auf die Gefahr, beim Kopieren hebräischer Texte die sehr ähnlichen Schriftzeichen des resh und es daleth zu verwechseln.[146] So sind im Original die Buchstabenfolgen SaRaH und SaDaH kaum zu unterscheiden. SaDaH heißt Feld, fruchtbare Erde, die zur Aufnahme des Samens bereit ist. Doch die Person Sara tritt im Pentateuch unter zwei verschiedene Namen auf: sie heißt zunächst Sarai, und Jahwe ändert ihren Namen in Verbindung mit der Verheißung an Abraham, dass sie von ihm einen Sohn haben werde.[147]

Sie wird also in 'Feld' dann umbenannt, als bestimmt wird, dass sie den Samen Abrahams empfangen soll. Vorher heißt sie Sarai, oder, wie es in der Transkription des hebräischen Textes heißen müsste SaRaY. David Bakan meint, da der konsonantische Originaltext nicht zwischen den Zeichen shin und sin unterscheidet, könne man den ursprünglichen Namen auch SHaRaY oder (s.o.) SHaDaY lesen. Man könnte die Varianten mit resh konsequent fallen lassen, und ihr Name wäre darn von SHaDaY geändert worden zu SaDaH.[148] Nun bedeutet das Wort SHaD übersetzt Brust, und SHaDaY ist die mit den Brüsten, deren

---

[146] David Bakan, a.a.O., S. 75
[147] Gen. 17,15 u. 16
[148] David Bakan, a.a.O., S. 75 f.

Fruchtbarkeit sich darin äußert, dass sie lebenerhaltende Muttermilch spenden kann.[149]

Dies alles mag als Prozess der Entfaltung eines Bildes von der Stammutter des Volkes plausibel erscheinen oder nicht. Doch die eigentlich erregende These Bakans besteht nun darin, dass er die Übereinstimmung mit dem ältesten Gottesnamen herstellt: EL SHaDaY. Unter dieser Bezeichnung tritt Gott an den Textstellen auf, an denen bedeutenden Männern zahlreiche Nachkommenschaft verheißen wird: "Ich bin El Schaddai. Wandle vor mir und sei vollkommen. Ich will meinen Bund stiften zwischen mir und dir und dich zahlreich machen, überaus zahlreich."[150] Hier wird das Prinzip der Fertilität einem Mann, dem zukünftiger, Vater vieler Völker, ausdrücklich verliehen.

Die Zeugungskraft des Mannes, die als naturwissenschaftliche Tatsache inzwischen bekannt war, bleibt hier nicht im profanen Bereich, sondern wird durch göttliche Verleihung ebenfalls geheiligt. Damit geht aber auch die Verantwortung für die Fruchtbarkeit der Frau an den Mann über, und damit werden Ehe und Vaterschaft möglich. Ehe und Vaterschaft bedingen einander; denn das außerhalb einer Ehe geborene Kind kann stets nur Nachkomme der Mutter werden, und ein Ehemann, der nicht Vater sein will, verweist die um Fruchtbarkeit bemühte Frau auf Kontakte zu anderen Männern, wie es auf einer niedrigeren Stufe der Familie der Bruder seiner Schwester gegenüber tun musste.

War aber die Zeugungskraft des Mannes nicht nur bekannt, sondern auch geheiligt als der fraulichen Fertilität analog, so wuchs bei frommen Männern der Wunsch, eine der Müt-

---

[149] Ebd.
[150] Gen 17,1 und 2, vgl. auch Gen 28,3; 35,11; 48,3 und Ex 6,3

terlichkeit analoge Väterlichkeit ihrem eigenen Nachwuchs gegenüber zu leben. Solange auf der Stufe der Bruder-Schwester-Familie Virginität den Binnenraum der Familie bestimmte, waren männliche Fruchtbarkeit im biologischen Sinne und männlicher Anteil an der Betreuung kleiner Kinder getrennt: Der Mann erzog als Mutterbruder die Kinder seiner Schwester, hatte jedoch zu den eigenen leiblichen Kindern keinen geregelten Kontakt.

Auf der nächsten Stufe der Familie wurde dies dadurch geändert, dass der Onkel durch den Erzeuger ersetzt wurde, oder doch wenigstens dadurch, dass der Erzeuger im Haushalt seiner Sexualpartnerin und seiner Kinder größere und dauerhaftere Rechte erhielt, als ein Besucher sie hatte. Ohne die Einführung von Familienverhältnissen, nach denen der Erzeuger ständig bei der Frau wohnt, die seine Kinder zur Welt bringt, fehlt für den Mann die Gelegenheit, eine dauerhafte Beziehung zu seinen Nachkommen als Vater zu entwickeln; denn Vaterschaft ist weniger eine biologische als eine psycho-soziale Tatsache. Da in den Industriegesell-schaften Kinder ausgeschiedenen Ehen ganz überwiegend bei der Mutter wohnen, fehlt für geschiedene Männer dann die Voraussetzung, Väter zu sein oder zu bleiben.

Indem nun der Geschlechtspartner der Frau als ständiger Bewohner in den gemeinsamen Haushalt aufgenommen wird, tritt Sexualität im Binnenraum der Familie auf. Die neue, weit komplexere Stufe der Familie wird zunächst im matrilinearen Kontext institutionalisiert. "Darum wird der Mann seinen Vater und seine Mutter verlassen und seinem Weibe anhängen, und sie werden zu einem Fleisch."[151] Von

---

[151] Gen 2, 24

einem Fleisch zu sein hat im Alten Testament die Bedeutung, blutsverwandt zu sein, zur selben Familie zu gehören.

So wird sichtbar, dass dies Dekret dem Ehemann die Mitgliedschaft im Clan der Frau verleiht: Er kann nicht mehr je nach Stimmungslage kurzfristig fortgeschickt werden. Für die in der Tradition einer patrilinearen Kultur geschulten Ohren des Japaners ist dies freilich eine der anstößigsten Passagen der ganzen Bibel, denn sie klingt dort wie der Versuch, den jungen Mann zur Treuelosigkeit gegenüber seinen Eltern zu verleiten. Die Exegeten sehen den matrilinearen Kontext dieses Gebots nicht, sondern deuten es als Aufforderung zur Familienneugründung, obwohl freilich jahrhundertelang Heirat gerade nicht dazu führte, dass Vater und Mutter verlassen, sondern dann der Hof, die Werkstatt, das Handelshaus des Vaters übernommen und fortgeführt wurden.

Im matrilinearen Kontext lässt sich Vaterschaft nur recht labil institutionalisieren. Das erklärt zahllose Probleme der Gegenwart, aber wir wollen der Anwendung unserer Paradigmen auf die modernen Industriegesellschaften hier nicht vorgreifen. Frauen und Männer streiten um die Priorität, wie das Gott und Göttin in polytheistischen Religionen tun. Frauen stehen in der Spannung zwischen dem Mann, der ihnen wie ein Bruder Schutz und Versorgung bietet, und einem anderen, mit dem sie Geschlechtsverkehr haben, und von dem sie wissen, dass er ihnen Nachwuchs zeugen kann oder gezeugt hat. Außerdem kann die Frau, die ihre Kinder nicht von ihrem Bruder erziehen lassen will, sondern für sie einen Vater wünscht, ihren Sexualpartner nicht mehr wechseln, sondern muss eine stabile Beziehung, eben eine Ehe herstellen.

Alle diese Konflikte sind nicht lösbar, solange die Frau bei ihrem Bruder lebt anstatt bei dem Erzeuger ihrer Kinder. Doch die Einführung der Institutionen Vaterschaft und Ehe als späte Errungenschaften menschlicher Kultur war so schwierig, dass sie im matrilinearen Kontext vorbereitet werden musste. Und erst nachdem Vaterschaft und Ehe als Konzepte fest ins Bewusstsein eingegraben waren, konnte der sie umgebende Kontext von einer matrilinearen zu einer patrilinearen Abstammungsordnung umgebaut werden.

Auf der Ebene der Theodizee stellt sich das Problem der religiösen Kontinuität: Neue Glaubenssysteme, die alles ihnen Vorhergehende schlicht negieren und ignorieren, gewinnen keine Stabilität, sondern provozieren nur die Rückkehr des scheinbar Überwundenen in einem kraftvollen Pendelschlag. Wirklich überwunden ist nur das Integrierte, das im Neuen Aufgehobene. Im Verlaufe unserer spekulativen Typenkonstruktion hatten wir als einfachste Stufe der Theodizee eine Fruchtbarkeitsgöttin beschrieben, die jungfräulich über Fertilität gebietet und ihre eigene Fruchtbarkeit auch frei von Sexualität der gläubigen Frau verleihen kann. Auf dieser Stufe waren Schwangerschaft, Geburt und Mutterschaft geheiligte Weisen der Lebensspende und Lebenserhaltung, während Sexualität im profanen Bereich blieb. Fertilität und Virginität waren versöhnt.

Es fragt sich, ob eine Religion Bestand haben kann, welche dies Grundkonzept wieder fallen lässt. So haben wir dann auf der zweiten Stufe der Theodizee die Fortgeltung der ersten unterstellt und zu beschreiben uns bemüht, wie auch der naturwissenschaftlich noch nicht durchschaute Vorgang der Empfängnis aus der profanen Welt herausgehoben und zum heiligen Ereignis bestimmt wird. Beide Stufen liegen jenseits von Ehe und Vaterschaft, sind aber nach unseren methodischen Prämissen gleichwohl deren Voraussetzung.

Solange weibliche Fruchtbarkeit, Empfängnis, Schwangerschaft, Geburt und Mutterschaft Manifestationen göttlicher
Macht sind, bleibt die männliche Variante des Menschseins
aus dem Bereich der Familie ausgespart oder doch auf
Dienstfunktionen reduziert. Die Gottheit der Männer mag
ihnen den Erfolg bei der Jagd oder den Sieg im Kampf
bescheren oder beides zugleich wie im Falle Nimrods,[152]
aber Vaterschaft als Manifestation männlicher Fertilität
bedurfte einer anderen Form der Heiligung.

5. Profanisierung der Götter

Wir wenden uns zunächst Heiligungsversuchen zu, die
gescheitert sind: Polytheistische Religionen haben in Fällen,
die zu skizzieren sein werden, die männliche Zeugungskraft
dadurch zu heiligen gesucht, dass sie die Fruchtbarkeit
männlicher Gottheiten bildhaft beschrieben. Das Ergebnis
war aber wohl nicht die Heiligung männlicher Menschen,
sondern die Profanisierung der Götter.

In Parallele zu der autonomen Fruchtbarkeit der Muttergöttin, die für die Wirksamkeit ihrer Schöpferkraft nicht auf die
Begattung durch ein männliches Wesen angewiesen ist,
beschreiben Pyramidentexte des alten Ägypten ein einsam
aus sich selbst heraus kreatives männliches Wesen. "Man
hat ... Gründe anzunehmen, dass die ältesten der in den
Pyramiden der V. und VI. Dynastie aufgezeichneten Texte
(2600-2300) als mündliche Tradition aus dem 4. Jahrtau-
send vor unserer Zeit von vorgeschichtlichen Ägyptern
herstammen und dass sie von Glaubensvorstellungen der
Urzeit ausgehen."[153] So gibt es "den alten heliopolitanischen

---

[152] Gen 10,8-11

[153] Die Schöpfungsmythen, Ägypter, Sumerer, Hurriter, Hetiter, Kanaaniter
und Israeliten, mit einem Vorwort von Mircea Eliade, Darmstadt:
Wissenschaftliche Buchgesellschaft 1977, S. 38

Mythos.... nach dem die ersten Geschöpfe... aus der Samen-
flüssigkeit entstanden, die der Demiurg mit seiner Hand
erzeugte."[154] Die Übersetzung des Pyramidentextes lautet:
"Atum offenbarte sich unter der Gestalt eines Selbst-
befriedigers in Heliopolis. Er nahm seinen Phallus in seine
Faust: ein Zwillingspaar kam zur Welt, Schu und Tefnut."[155]

Dies ist zweifellos die gröbste denkbare Form, in der
männliche Fruchtbarkeit symbolisiert werden könnte. Die
profanisierende Wirkung muss dann schon bald empfunden
worden sein, so dass die altägyptische Theologie auf ein
ebenfalls sehr körperliches aber weniger anstößiges Bild
auswich: "O Schu, Sohn des Atum, du bist der Große...,
Sohn des Atum, sein erster Nachkomme. Atum hat dich aus
seinem Munde gespien..."[156] Offenbar kommt es bei diesen
profanen Konzepten nur darauf an, dass der männlichen
Urgottheit Kreativität ohne die Mitwirkung einer Frau möglich
ist.

Die ältere und mächtige Muttergottheit wird freilich so nicht
integriert, sondern nur von ihrer monotheistischen Position
verdrängt. Dass sie gleichwohl nicht vergessen ist, zeigt eine
Passage aus einem Hymnus auf den Gott Amun-Re: "Das
heilige Theben ist 'der Hügel der Schlange, welche die Erde
machte, die Mutter des Weltherrn, der Himmel dessen, der
aus sich selbst entstand'... Theben wurde die Muttergöttin...,
der Himmel Ägyptens, die Herrin der beiden Länder..."[157]

Der Weg in den Polytheismus ist ohne Hoffnung beschritten
worden. Der verängstigte Mensch fand in diesen Theologien
keinen Ansatz für eine Theodizee, sondern höchstens einen

---

[154] Ebd., S. 59
[155] Ebd., S. 67
[156] Ebd.
[157] Ebd., S. 91 f.

Trost darin, dass die Götter untereinander ganz ähnliche Konflikte austrugen, wie der Mensch sie erlebte. In einem späten Mythos Altägyptens begegnen wir dem leidenden Schöpfergott Re, der durch den Biss einer Schlange oder den Stich eines Skorpions vergiftet wurde. Trotz seiner Allmacht hängt seine Rettung von den magischen Fähigkeiten der Muttergottheit Isis ab. Re bittet Isis, die den Titel 'die große Magierin' trägt, ihn zu heilen. Sie verlangt jedoch, dass der 'göttliche Vater Re ihr zuerst seinen heimlichen Namen ins Ohr flüstert, und erst nachdem er sich dazu herablässt, vollführt Isis einen Zauber, durch den das Gift aus seinem Körper extrahiert wird. Sie erpresst also den in Schmerzen und im Fieber sich windenden Vatergott und es wäre zu fragen, inwieweit sie ihn dadurch entmachtet, dass sie ihn zur Preisgabe seines Geheimnamens zwingt.[158]

Die Götter der polytheistischen Religionen profanisieren sich nicht nur durch ihr Sexualverhalten, sondern auch durch den Unfrieden, der zwischen ihnen herrscht. In einem Sumerischen Schöpfungsmythos bringt die Fruchtbarkeitsgöttin acht verschiedene Pflanzen hervor, die nur ihr allein vertraut sind. Gott Enki, die personifizierte männliche Zeugungskraft,[159] besteht darauf, ähnlich wie Adam, von allen Pflanzen zu essen, um sie zu erkennen. Die erzürnte Göttin straft ihn dafür mit einem Fluch. Trotz seiner Göttlichkeit bewirkt dieser Fluch, dass er schwer erkrankt und zu sterben scheint. Das hindert nicht, dass die Göttin nun offenbar von ihm empfängt und eine Tochter hervorbringt, die aufgrund eines nur in der Sprache Sumers möglichen Wortspiels

---

[158] James B. Pritchard (Hg.) Ancient Near Eastern Texts, Relating to the Old Testament, Princton: Princton University Press, 2. Aufl. 1955, S. 12-14, S. 12. Das Alter des Textes wird auf die Zeit zwischen 1350 und 1200 BCA geschätzt.
[159] Vgl. Gott Enki im Dilmun-Mythos, Die Schöpfungsmythen, a.a.O., S. 111 ff.

sowohl 'Herrin der Rippe' als auch 'Herrin des Lebens' heißt. Sie heilt die Rippe des Gottes Enki und rettet sein Leben.

In der Sprache der Hebräer lesen wir dann: "Der Mensch gab seinem Weibe den Namen Eva, denn sie wurde die Mutter aller Lebendigen."[160] Die Unsterblichkeit Adams und Evas mag ursprünglich geplant gewesen sein,[161] die Schlange suggeriert gar, dass sie potenzielle Götter seien,[162] doch der Konflikt bringt den Tod: die ersten Menschen werden sterblich und er Glaube der Bibel bleibt monotheistisch. Damit scheidet die Möglichkeit eines Streits unter Göttern aus. In Ägypten dagegen wird Vatergott Re und in Sumer wird Vatergott Enki von der Muttergottheit besiegt, gedemütigt und gerettet. Die Autonomie der einen Gottheit ist dahin, der Polytheismus nicht mehr zurückzunehmen, die Profanisierung der Götter unaufhaltsam.

6. El Schaddai wird Jahwe

"Gott redete mit Mose und sprach zu ihm: 'Ich bin Jahwe! Ich bin Abraham, Isaak und Jakob unter dem Namen El Schaddai erschienen; doch mit meinem Namen Jahwe habe ich mich ihnen nicht geoffenbart.'"[163] Der Name El Schaddai ist den Exegeten ein Geheimnis, "zumal wir nicht einmal wissen, was saddai bedeutet".[164] Ein Geheimnis ist es auch, wie die Integration des Mutterkultes in den Jahwe-Glauben gelingt. Die Hinweise von David Bakan in Verbindung mit

---

[160] Gen 3,20. Zum Mythos siehe Samuel Noah Kramer, Mythology of Sumer and Akkad, in: Ders. (Hg.), Mythologie of the Ancient World, Chicago: Quadrangle Books 1961, S. 102-103

[161] Gen 3, 3

[162] Gen 3, 5

[163] Ex 6,2 u. 3

[164] Josef Scharbert in einer handschriftlichen Notiz vom Februar 1982. Scharbert hatte die Freundlichkeit, diese Fragen mit mir auch zu besprechen.

dem Namen Sara lassen es denkbar erscheinen, dass Jahwe sich den Patriarchen nicht nur "unter dem Namen El Schaddai" geoffenbart hat, sondern dass der Gott der Bibel es den Menschen schon lange vor der Formalisierung des Jahwe-Glaubens gestattet hat, sich ihn monotheistisch als jungfräuliche Fruchtbarkeitsgottheit vorzustellen. Für den glaubenden Christen steht ja fest, dass ihr trinitarischer Gott es dem auserwählten Volk zugestand, sich ihn als eine einzige Person zu denken und nicht als die drei Personen, die er tatsächlich ist.

Nach diesem unbestrittenen Vorbild einer an den Entwicklungsstand der Menschen angepassten provisorischen Offenbarungsform wagen wir unsere Hypothese für die Frühzeit der schriftlosen Kulturen. Da die Menschen jener Zeit noch keine Väter kannten, konnten sie sich die Gottheit, die ihnen Fruchtbarkeit verlieh, noch nicht als Vater, sondern nur als Mutter vorstellen. Das traf für die Patriarchen des Buches Genesis nicht mehr zu: Abraham wusste sehr wohl, dass er und Sara einen gemeinsamen Vater hatten.[165]

Die Fruchtbarkeitsgottheit hatte Mutterschaft geheiligt: darum begründet die Herkunft von einer gemeinsamen Mutter ein Inzesttabu und war selbstverständlich ein Ehehindernis. Vaterschaft war eine vergleichsweise unbedeutsame, weil profane Angelegenheit, so dass Abraham sagen konnte: "Auch ist sie (Sara) wirklich meine Schwester, eine Tochter meines Vaters, nur nicht die Tochter meiner Mutter. So konnte sie meine Frau werden."[166] Abraham stellt den Neubeginn im Glauben dar, weil er als Mann sich an die Fruchtbarkeitsgottheit wendet und El Schaddai bittet, so wie

---

[165] Gen. 20, 12
[166] Gen 20,12

Mutterschaft schon geheiligt ist, auch Vaterschaft zu heiligen.

Da die herrschende Familienform der neuen Glaubensstufe noch nicht entsprach, brachte der Wunsch nach geheiligter Vaterschaft für Abraham neues Leid und die Suche nach einer entsprechenden Theodizee: Abraham hat zwei Söhne, Ismael und Isaak, die er offenbar beide sehr liebt. "Da bemerkte Sara, wie der Sohn der Ägypterin Hagar, den diese dem Abraham geboren hatte, mit ihrem Sohn Isaak spielte. Darum sagte sie zu Abraham: "Jage die Magd da und ihren Sohn fort' Denn der Sohn dieser Magd soll nicht mit meinem Sohn Isaak erben. "'[167] Sara erscheint hier in einem nicht eben erfreulichen Licht.

Nach dem Bild, das sich moderne Feministinnen von einem Patriarchen machen, hätte Abrahams gerechter Zorn sich auf Sara entladen müssen; denn sie forderte nichts Geringeres als die Verstoßung seines ältesten Sohnes, eine Maßnahme zudem, die voraussichtlich zum Tode von Ismael und dessen Mutter Hagar führen musste. Er wendet sich aber in seiner Verzweiflung an seinen Gott und erhält dort die Antwort: "Lass es dir um des Knaben und um deiner Magd willen nicht leid sein, sondern höre auf Sara in allem, was sie dir sagt."[168] Dann folgt die Verheißung, dass Abrahams Vaterschaft sowohl in Isaak als auch in Ismael fortleben wird.[169]

Alle diese Texte des Pentateuch hat Jesus nicht nur gelesen, sondern genau gekannt und oft zitiert. Er negiert den alten Bund nicht, sondern bringt ihn in den Glauben der Christen ein. Dieses Modell des Wandels in der ungebrochenen

---

[167] Gen 21 9 u.10
[168] Gen 21, 12
[169] Koran, 2. Sure, 133

Kontinuität, das den Übergang vom Alten zum Neuen Testament kennzeichnet, steht auch schon am Beginn des Jahwe-Glaubens. Die alte Fruchtbarkeitsgottheit der von uns hypothetisch gesetzten Urreligion wird als El Schaddai nicht verworfen, sondern aufgehoben und klarer erkannt. Die Kontinuität zum vorbiblischen Glauben bleibt erhalten in den göttlichen Qualitäten der Einzigkeit, des monotheistischen Prinzips also, und der Jungfräulichkeit. Durchgehalten wird das kindliche Vertrauen in die lebensspendende und -erhaltende Macht der Gottheit.

Was zuvor für die alleinherrschende jungfräuliche Mutter gehalten wurde, wird nun als der alleinherrschende jungfräuliche Vater erkannt. Doch der Anspruch, das Unvorstellbare dieses Wandels in dem hier vorgelegten bescheidenen Text darstellen zu wollen, wird selbstverständlich nicht erhoben. Nur dieser Gedanke noch: Konnte es sein, dass sich ein Nachvollzug des Übergangs im Laufe des Lebens vieler Individuen auf dem Wege vom Kleinkind zum Erwachsenen vollzieht oder doch vollziehen könnte und sollte?[170]

7. Fruchtbarkeit durch Verleihung

Bei oberflächlicher Betrachtung entsteht der Eindruck der Symmetrie zwischen mutterkultureller und vaterkultureller Stufe der Familie: Auf der einen Stufe verlässt der zur Vaterschaft bereite Mann seine Verwandten und wird Mitglied der Familie seiner Frau, auf der anderen verlässt die zur Mutter ausersehene Frau ihren Clan und tritt in die Familie ihres Mannes ein. Hinter der organisatorischen Fassade wird jedoch sichtbar, dass zur Stabilität von Vaterschaft und Ehe ein ganz anders verfasstes Wertsystem durchgesetzt werden musste mit einer Fülle daraus abgeleiteter und

---

[170] Vgl. die neuere Literatur zum Narzißmus!

daraufhin legitimierter Normen, das heißt konkreter Verhaltensanweisungen.

Eben dieses Wertsystem scheint in den modernen Industriegesellschaften für einen wachsenden Anteil der Bevölkerung seine Verbindlichkeit verloren zu haben. Es scheint im Kontext dieser Untersuchung jedoch nicht entbehrlich, weil eine inhaltliche Symmetrie zwischen Mutterschaft und Vaterschaft nicht besteht: Mutterschaft ist eine physische Realität, die idealisiert werden mag oder nicht, Vaterschaft ist ein ideelles Konzept, das sich verwirklichen kann oder nicht. Zur Verwirklichung von Vaterschaft als innerweltlicher Realität gehört die Etablierung ihrer biologischen Komponente: Um körperliche Vaterschaft feststellen zu können und um die emotionalen Voraussetzungen sozialer Vaterschaft zu schaffen, musste man die Sexualität des Menschen strengen Regeln unterwerfen.

Weil für jedes etwa gezeugte Kind unbezweifelbar feststehen sollte, wer sein Vater war, mussten Sexualität und Fertilität unlösbar miteinander verbunden werden. Dem anspruchsvollen Wertsystem der Vaterkultur nach konnte nun jene Form der Sexualität als geheiligt gelten, in der sich die Bereitschaft zu Vaterschaft und Mutterschaft manifestierte. Jede andere Form der Sexualität blieb profan. Eine solche Differenzierung zwischen geheiligter und profaner Sexualität kennen die weniger anspruchsvollen Stufen von Religion und Familie nicht: Wenn ihr einander ehrlich liebt, dann dürft ihr auch zusammen schlafen, so raten heute manche Jugendseelsorger, weil ihnen sonst ihre Schützlinge davonlaufen.[171] Dabei sind freilich Sexualität und Fertilität wieder voneinander getrennt.

Bei Männern, die grundsätzlich zu Vaterschaft bereit waren, musste eine fundamentale Furcht überwunden werden: War das Kind, das sie beschützen und erzogen, wirklich von ihnen selbst gezeugt? Im Innenverhältnis der Großgruppe aus zeugungsfähigen Männern einer Gesellschaft konnte es hinsichtlich der Stufe der Familie keine Toleranz geben! Stellt man sich vor, dass innerhalb einer Gesellschaft einige Männer als religiöse Väter zusammen mit ihren Ehefrauen die leiblichen Kinder erziehen, die sie selbst gezeugt haben, während andere bei dem älteren Brauch bleiben und hier und dort Kinder zeugen, die dann von anderen betreut werden, so ist eine Solidarität zwischen allen Männern einer solchen Gesellschaft nicht denkbar. Im Gegenteil, ein solcher Pluralismus der Familienethik müsste zu scharfen inneren Konflikten und zu Schwäche und Wehrlosigkeit gegenüber äußeren Feinden führen.

Die strenge Verurteilung von Ehebruch hat demnach gewiss auch die Dimension eines Paktes zwischen den Männern, die sich in einer Religion und Kultur geeint wissen, und die durch ihren Gehorsam gegenüber dem sechsten Gebot das feierliche Versprechen abgeben, einander nicht die Frau wegnehmen zu wollen. Im Kontext einer patrilinearen Kultur ist nämlich Ehebruch, ganz abgesehen von der religiösen Seite, ein Angriff auf die Grundlagen der Abstammungsordnung: Hat ein Mann Geschlechtsverkehr mit der Frau eines anderen, so lässt sich Vaterschaft (abgesehen von modernsten Techniken) nicht mehr mit Sicherheit bestim-

---

[171] Vgl. Rainer Güttler, Stellungnahme zum Beitrag von H.J. Helle, in: Roman Bleistein (Hg.), Kirchliche Jugendarbeit, Düsseldorf: Patmos-Verlag 1976, S. 46-51, besonders S. 50 u. 51

men, und angesichts der Bedeutung des psychosozialen Effekts ist schon der begründete Zweifel an der biologischen Vaterschaft ein Übel, das unbedingt vermieden werden muss.

Darum kann in der patrilinearen Kultur der Bräutigam auch die Jungfräulichkeit seiner Braut fordern, weil er nur so sicher sein kann, dass sie von keinem anderen schon vor der Ehe empfangen hat. Aus einem solchen teils sachlich funktionalen, teils aber emotional psycho-sozialen Begründungszusammenhang entfaltet sich das Ideal, nach dem die Defloration als Ergebnis des ersten Geschlechtsverkehrs einen unlösbaren Ehebund besiegelt. Damit ist an die Stelle der Blutsgemeinschaft zwischen Bruder und Schwester, die durch den Akt der Geburt aus derselben Frau verbunden sind, die Blutsgemeinschaft zwischen Ehemann und Ehefrau getreten, die durch den Akt der Defloration aneinander gebunden sind.

Ehe und Vaterschaft, die beiden überragenden Errungenschaften der Kultur des Pentateuch, konnten und können nur bei starker religiöser Verankerung überleben. Beide Institutionen waren schon auf den einfachsten schriftlosen Stufen der Theodizee vorbereitet worden: Offenbar von Anbeginn gab es die Vorstellung, Fruchtbarkeit könne nur das Ergebnis eines heiligen Bundes zweier Personen sein. Auf der ersten Stufe unserer gedanklichen Konstruktion war es der Bund zwischen der jungfräulichen Gottheit und der sie um Mutterschaft anbetenden Frau.

Das Bild dieser Stufe zeigt die Interaktion zwischen Muttergottheit und menschlicher Frau, der jede sexuelle Dimension fehlt. Nach der Entdeckung der Zeugungskraft des Mannes schreiten viele heidnische Religionen zur Profanisierung ihrer Götter und ersetzen die jungfräuliche Göttin durch eine männliche Gottheit, die menschliche Frauen imprägniert.

Dieses profane Bild der Zeugung von Halbgöttern klingt in Genesis[172] an und wird im Alten Testament dann resakralisiert, indem an die Stelle einer konkreten individuellen Frau das Volk Gottes tritt: "Da ging ich an dir vorüber und sah dich, und siehe, die Zeit der Liebe war für dich gekommen. Ich breitete meinen Gewandzipfel über dich und deckte deine Blöße zu. Ich band mich durch einen Schwur an dich und schloss einen Bund mit dir so spricht der Herr Jahwe -, und du wurdest mein. Und ich wusch dich mit Wasser und spülte dein Blut von dir weg und salbte dich mit Öl."[173] Die Mutterkultur lebt deutlich fort in der Idee, ein immerwährender Bund müsse auf Blutsbanden beruhen. Das Symbol der Defloration tritt in diesem Bild ein, um dem zu entsprechen. Aber weder der Bund zwischen Göttin und Frau noch der zwischen Vatergott und Volk war geeignet, die Werte der Vaterkultur religiös ausreichend abzustützen.

So treibt die sich entfaltende Offenbarung die Menschen voran zu einer dritten Stufe und weiteren Variante des Bildes vom Bund zweier Personen. An Abraham ergeht die Offenbarung: "Ich bin El Schaddai... Ich will meinen Bund stiften zwischen mir und dir und dich zahlreich machen überaus zahlreich... und zwar sollt ihr an dem Fleische eurer Vorhaut beschnitten werden. Dies sei zum Zeichen des Bundes zwischen mir und euch."[174]

---

[172] Gen 6, 1-4

[173] Ez 16, 8 u. 9. Zur Bedeutung von vorehelicher Jungfräulichkeit und Defloration in der Kulturgeschichte vgl.: Werner Stark, The Social Bond (3 Bde.), Bd. III, New York: Fordham University Press 1980, S. 103 f.

[174] Gen 17, 1-11

Hier verleiht die jungfräuliche Gottheit dem männlichen Menschen die Fruchtbarkeit, indem sie einen unauflöslichen Bund mit ihm schließt, der wiederum mit Blut besiegelt wird. Damit geht die heilige Aufgabe, die gottgewollte Fruchtbarkeit der menschlichen Frau zu verleihen, von der Gottheit an den Mann, hier an Abraham, über. Der Übergang zu jeder nächsthöheren Stufe der Theodizee potenziert die Komplexität der Zusammenhänge und damit die Schwierigkeit der Darstellung.

Die Skizze mag den Rückblick auf die bisher zurückgelegte Wegstrecke erleichtern, obwohl sie voller Unzulänglichkeit ist. Die Heiligung der Ehe im sakramentalen Sinne ist allerdings erst im Kontext des Neuen Testaments möglich.

Die folgende Übersicht zeigt mehrmals zunächst die *Stufe potenziellen Leids,*

jeweils gefolgt von der entsprechenden *Stufe der Theodizee:*

Frau: Warum muss ich mein Leben ganz in den Dienst der Betreuung dieses Neugeborenen stellen?

Heiligung der Mutterschaft aufgrund der Verleihung von Fruchtbarkeit durch die Muttergöttin.

Frau: Wie kann ich der Schande und dem Kummer der Unfruchtbarkeit entgehen, wenn ich mich zu dem Ideal jungfräulicher Mutterschaft bekenne?

Heiligung der Empfängnis als Folge eines Bundesschlusses, der aus dem Bereich profaner Sexualität herausgehoben wird.

Mann: Wie kann ich zu den von mir gezeugten Kindern dauerhaft in enger Beziehung leben und ihr Vater sein?

Heiligung der Vaterschaft aufgrund der Verleihung von Fruchtbarkeit durch den Vatergott: Bund der Beschneidung.

Mann: Wie kann ich mich davor schützen, dass sich meine Frau mit meinen Kindern von mir abwendet?

Heiligung der Ehe nach dem Modell des Bundesschlusses mit der Defloration als Symbol für Blutsbande.

8. Christliche Theodizee und christliche Familie

Der christliche Glaube enthält eine Reihe von Aussagen über Fruchtbarkeit, Sexualität, Mutterschaft und Vaterschaft, die sich zu einem für die Entwicklung der christlichen Stufe von Familie entscheidenden Symbolsystem zusammenfügen.[175] Voraussetzung dafür ist ein sowohl männliches als auch trinitarisches Gottesbild, also Gott als Vater, Sohn und Heiliger Geist. "Mary, the Mother and Virgin with no sexual experience; Joseph, her human husband, many believe without sexual contact with his wife; Jesus, their son, unmarried and without sexual experience, the human offspring of a sacred impregnation in which there is no sin or male physical contact; all are, paradoxically, part of a family symbol system."[176] Die eine Gottheit, die identisch geglaubt wird mit dem alttestamentarischen Jahwe, der als El Schaddai seinen Bund mit Abraham geschlossen hat, offenbart sich in drei Personen und bewirkt als Heiliger Geist in Maria die jungfräuliche Empfängnis.

---

[175] Horst Jürgen Helle, Soziologie und Symbol, Berlin: Duncker & Humblot 1980, S.118-121. Ders., Familie - Zwischen Bibel und Kinsey-Report, Osnabrück: Verlag A. Fromm 1974, S. 43-49

[176] William Lloyd Warner, The Living and the Dead. ; Study of the Symbolic Life of Americans, New Haven: Yale University Press 1959, S. 354

Die Gesamtheit der kirchlichen Lehraussagen im Umkreis dieser teils göttlichen teils heiligen Personen kann als Integration von unterschiedlichen Stufen der Familie gelesen werden: In der Person der Maria wird die Heiligung der Mutterschaft wiederholt und überhöht. In ihrer Beziehung zu Joseph tritt ein gleichsam geschwisterlicher Lebensbund wieder auf, in dem ein Mann ein Kind erzieht, das nicht sein leiblicher Sohn ist; denn das Kind Jesus ist aus einer heiligen Empfängnis hervorgegangen.

Das Prinzip der Patrilinearität ist sogar auf zwei Ebenen gegenwärtig: Auf der Ebene des Heiligen ist Jesus der Sohn des Vatergottes, und auf der diesseitigen Ebene gilt er über Joseph als Mann aus dem Stamme Davids.[177] Man sieht, dass die ehemals neben- und gegeneinander entwickelten Familienstufen hier zu einem ganzheitlichen Konzept vereint sind. Das erklärt wohl zum Teil die Kraft, mit der das Christentum Trends aus den verschiedensten Familienkulturen in sich hinein absorbieren kann, wenn es die Ganzheit seiner Dogmatik zum Tragen bringt.

Das hoch komplexe und sehr fein ausbalancierte Symbolsystem der Heiligen Familie der Christen greift die Institution Ehe und Vaterschaft von den weniger komplexen Stufen her auf und transformiert sie. Wir haben gesehen, wie sich im patrilinearen Kontext die Heiligung der Vaterschaft aus der Übertragung von Fruchtbarkeit von El Schaddai auf Abraham ergibt. In der Ehe dann wird die dem Mann verliehene Fruchtbarkeit von ihm an die Frau weitergegeben. Dieser Offenbarungsschritt war als Gegengewicht gegen die uralten Kulturformen der Matrilinearität notwendig. Je wirksamer er wurde, desto mehr führte er zu einer Priorität der männlichen gegenüber den weiblichen Men-

---

[177] Mt 1, 6-16

schen, weil nun geglaubt wurde, dass die Gottheit der Frau unmittelbar keine Fruchtbarkeit verlieh, sondern nur durch die Vermittlung des Mannes. Damit war der biologische Beitrag der Frau zur Fortpflanzung des Menschen dogmatisch nur ungenügend verarbeitet.

Die christliche Dogmatik gleicht das aus: Gott verleiht durch den Heiligen Geist der Jungfrau Maria unmittelbar Fruchtbarkeit, und zwar nicht irgendeine Fruchtbarkeit, sondern jene unvergleichliche, die sie zur Gottesmutter werden lässt. Dazu schließt Gott mit Maria - wie auf den älteren Stufen vorbereitet - einen unauflöslichen Bund, nun jedoch erfolgt der Bundesschluss durch Errichtung eines geistigen Bandes anstatt als Blutsband: der Dialog der Verkündigungsszene tritt an die Stelle der Defloration, der Akt geistiger Definition ersetzt das körperliche Zeichen. Fortan gibt es zwei eheförmige Bundesmodelle für die Frau, der eine Bund wird durch Definition, der andere durch Defloration geschlossen. Parallel zu dieser Verdoppelung von Mutterschaft führt der christliche Glaube auch zwei Modelle von Vaterschaft ein: Joseph gilt als der irdische Vater Jesu durch Definition.

Vaterschaft als religiöser Wert wird von dem Erfordernis des körperlichen Zeichens abgelöst, besteht aber notwendig auch als körperliche Vaterschaft fort. Diese Sichtweise von dem Nebeneinander von geistiger und körperlicher Vaterschaft trägt der Wirklichkeit Rechnung, dass sich in der menschlichen Familie eine enge Vater-Kind-Bindung ergeben kann, wenn auf der Grundlage gesicherter biologischer Vaterschaft geistige Vaterschaft durch Definition errichtet wird. Das Gelingen oder Misslingen dieses Definitionsvorganges ist entscheidend von der Mutter abhängig, davon nämlich, wie sie den Mann den Kindern gegenüber präsentiert. Am Beispiel gelungener Adoption zeigt sich zudem, dass die körperliche Grundlage eher entbehrlich ist als die geistige Definition.

Der Übergang von der Beschneidung zur Taufe zeigt die Tendenz und Kraft des christlichen Symbolsystems, aus der mutterkulturellen Schicht stammende Blutsymbole durch Symbole eines geistigen Bundesschlusses zu ersetzen. Taufe als Wiedergeburt klingt zwar unmittelbar an die Vorstellung an, man sei nur dauerhaft aneinander gebunden aufgrund der Geburt aus einer gemeinsamen Mutter. Aber im christlichen Kontakt werden eben alle Getauften als Geschwister definiert. Dies Instrument der Errichtung unauflöslicher geistiger Bande durch Definition ist nun der Schlüssel zur Stufe der christlichen Familie. Es fehlt auf der mutterkulturellen wie auf der vaterkulturellen Stufe. Als sich erste Formen der Ehe herausbilden, muss ein Gatte seine Blutsverwandten verlassen und in die Familie des anderen Gatten aufgenommen werden.

Dabei werden Vorformen symbolischer Definition schon sichtbar, aber diese Kulturen beeilen sich doch, dem zerbrechlichen geistigen Band ein handfestes Blutsband hinzuzufügen: Defloration, Konsumation der Ehe durch Geschlechtsverkehr. Wir hatten auch die Beschneidung in Analogie hierzu gesehen. Die christliche bilaterale Familie kann auf der Grundlage von Blutsbanden allein nicht existieren. Sie gruppiert sich um einen neuen Ehetyp herum: der eine Gatte verlässt nun nicht mehr seine Familie um Mitglied der Familie seines Gatten zu werden, sondern die Familien beider Gatten verbinden sich zu einer einzigen, indem ihre Nachkommen als Mann und Frau eine Ehe schließen.

Das setzte eine Reihe symbolischer Definitionen voraus: Die Eltern der Braut nehmen den Bräutigam als ihren Sohn an, und umgekehrt wird die Braut zur neuen Tochter der Eltern des Bräutigams. Nur durch diese Definitionsakte kann erreicht werden, dass ein Kind bei seiner Geburt schon vier Großeltern hat, zwei Großväter und zwei Großmütter, weil die Abstammungslinien des Vaters und der Mutter sowohl erhalten als auch vereint werden zu einer bilateralen Abstammungsordnung.

Mit den heuristischen Werkzeugen, die in diesen Seiten in einer sehr vorläufigen Weise entwickelt wurden, könnten die Probleme der Gegenwart bearbeitet werden: Ehescheidung, vor- und außereheliche Beziehungen, Sexualverhalten Jugendlicher, Abtreibung und eine Reihe anderer. Den Betroffenen solcher Ereignisse, die an dem knapper werdenden Gut "Familienglück" nicht teilhaben können, muss die Christenheit eine Theodizee vorlegen, damit sie nicht als die Summe der *'beati possidentes'*, sondern als die Gemeinschaft der um einen gütigen und gerechten Gott Geeinten erscheint. Hier sollte auf die Dringlichkeit dieser Aufgabe hingewiesen werden. Ihre Lösung erfordert Kompetenzen, die der Verfasser nicht einbringen kann.

Zitierte Publikationen:

Bakan, David: And They Took Themselves Wives, San Francisco: Harper & Row 1979

Die Schöpfungsmythen, Ägypter, Sumerer, Hurriter, Hetiter, Kanaaniter und Israeliten, mit einem Vorwort von Mircea Eliade, Darmstadt: Wissenschaftliche Buchgesellschaft 1977

Güttler, Rainer: Stellungnahme zum Beitrag von H. J. Helle, in: Roman Bleistein (Hg.), Kirchliche Jugendarbeit, Düsseldorf: Patmos-Verlag 1976

Helle, Horst Jürgen: Familie - Zwischen Bibel und Kinsey-Report, Osnabrück: Verlag A. Fromm 1974

Helle, Horst Jürgen: Der besondere Schutz des Staates für Ehe und Familie, in: Politische Studien, Sonderheft 2/1979, S. 87-95, S 93

Helle, Horst Jürgen: Soziologie und Symbol, Berlin: Duncker & Humblot 1980

Kramer, Samuel Noah: Mythology of Sumer and Akkad, in: Ders. (Hg.), Mythologies of the Ancient World, Chicago: Quadrangle Books 196

Malinowski, Bronislaw: Sex and Repression in Savage Society, 1927, zitiert in: Horst Jürgen Helle, Familie als Grundmodell für Werte und Wertvermittlung, in: Ansgar Paus (Hg.), Werte Rechte Normen, Kevelaer: Butzon & Bercker 1979

Malinowski, Bronislaw: Das Geschlechtsleben der Wilden in Nordwest-Melanesien, Leipzig und Zürich, o.J. (1929)

Nieuwenhuis, A. W.: Die Entstehung der Ehe, in: Graf Hermann Keyserling (Hg.), Das Ehe-Buch, Heidelberg, Niels Kampmann Verlag 1925

Pritchard James B. (Hg.): Ancient Near Eastern Texts, Relating to the Old Testament, Princeton: Princeton University Press, 2. Aufl. 1955

Przyluski, Jean: La Grande Déésse, Paris: Payot 1950

Ratzinger, Joseph: Einführung in das Christentum, München: Kösel, 3. Aufl. 1968

Scharbert, Josef: Ehe/Eherecht/Ehescheidung, II. Altes Testament, in: Theologische Realenzyklopadie, Bd. IX, Lieferung 1/2, Berlin, New York: Walter de Gruyter

Service, Elman R: The Mind of Lewis H. Morgan, in: Current Anthropology, Bd. 22, Nr. 1 (February 1981)

Sidler, Nikolaus: Zur Universalität des Inzesttabus, Stuttgart: Ferdinand Enke 1971

Stark, Werner: The Social Bond (3 Bde.), Bd. III, New York: Fordham University Press 1980

Warner, William Lloyd: The Living and the Dead. ; Study of the Symbolic Life of Americans, New Haven: Yale University Press 1959

Weber, Max: Gesammelte Aufsätze zur Religionssoziologie. Tübingen J.C.B. Mohr (Paul Siebeck), 7. Aufl. 1978, Bd. I, S.246. Vgl. Zur Diskussion um die Frage, welches das Hauptwerk Max Webers sei: Friedrich H. Tenbruck, Das Werk Max Webers, in: Kölner Zeitschrift für Soziologie und Sozialpsychologie, 27.Jg., 19.5, S. 663-702